MEMOIRES

POUR SERVIR

A

L'HISTOIRE

DE

L'EUROPE,

Depuis 1740. jusqu'à la Paix-Générale, signée
à Aix-la-Chapelle le 18. Octobre 1748.

.... *Incedo per ignes*
Suppositos cineri doloso.
Horat. Od. L. II. Od. I.

TOME III. I. PARTIE.

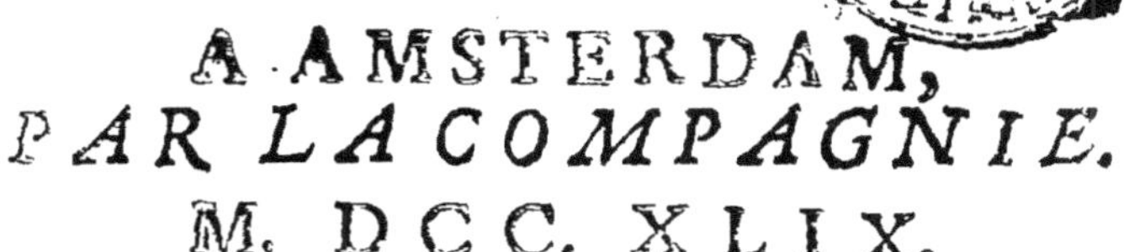

A AMSTERDAM,
PAR LA COMPAGNIE.
M. DCC. XLIX.

MEMOIRES

POUR SERVIR A

L'HISTOIRE

DE

L'EUROPE,

Depuis 1740. jusqu'à la Signature des Préliminaires, du 30. Avril 1748.

OMME LA DESCENTE DU PRE'TENDANT EN ECOSSE a influé en quelque façon dans les opérations des Campagnes de 1745. & de 1746. * il ne m'est

* Affaires d'Ecosse.

Tome III.   A

m'eſt pas poſſible de la paſſer ſous ſilence ; tout le monde ſçait que l'Angleterre a toujours été le théâtre des Révolutions les plus ſurprenantes. L'Hiſtoire de ce Païs n'en eſt qu'un tiſſu continuel, & la Famille des Stuards, plus que tout autre, ſemble avoir été deſtinée à éprouver les plus grands revers.

Depuis le ſort cruel que la politique d'Elizabeth fit ſubir à la Reine Marie d'Ecoſſe ; le ſuplice infame de Charles I. un des meilleurs Princes que l'Angleterre ait jamais eu ; les dangers que Charles II. courut avant de monter ſur le Trône. Jâques II. encore plus infortuné que ſes Ancêtres, s'eſt vû forcé d'abandonner ſes Roïaumes, autant par l'ambition démeſurée de ſa propre fille, que par la perfidie de ſes ſujets. La France, qui a toujours été l'azile des Rois infortunés, reçût ce Prince, qui y mourut enfin, ne laiſſant à ſes enfans que des Droits inconteſtables à prétendre ſur les trois Couronnes de la Grande-Bretagne, mais bien difficiles à faire valoir.

Loüis XIV. qui ne faiſoit plus la loi
à l'Eu-

à l'Europe, comme il l'avoit fait avant la Révolution d'Angleterre en 1688. fut forcé par le Traité d'Utrecht, *Fr. Ang. art.* 4. de ne point reconnoître les Droits que le Fils du Roi Jâques II. pouvoit avoir sur l'Angleterre, & de ne pas le souffrir sur ses terres.

Avant la conclusion de la Paix, ce Prince s'étoit retiré en Lorraine, d'où il se rendit ensuite à Avignon. Par le second Article du Traité de la Triple-Alliance, la France s'engagea à obliger ce Prince de quitter cette retraite, pour se retirer au-delà des Alpes. Cette Couronne avoit assés d'obligation à la Reine Anne pour ne pas lui refuser cette petite satisfaction. On ne la crut pas même suffisante; car l'année 1716. aïant été emploïée en négociations, entre la France, l'Angleterre, & les Provinces-Unies; ces mêmes Puissances signérent à la Haïe en 1717. le Traité de la Triple - Alliance, par lequel la France se chargeoit d'engager le Chevalier de St. Georges à sortir du Comtat d'Avignon, pour se retirer au - delà des Alpes. Chaque

A 2　　　Con-

Contractant promettoit de ne donner aucun azile aux perfonnes qui feroient déclarées rebelles par l'un des
deux autres. On garantiffoit toutes
les difpofitions des Traités d'Utrecht,
& en particulier la Succeffion de la
Couronne d'Angleterre, dans la Ligne Proteftante. Et en cas de troubles
domeftiques, ou d'attaque de la part
de quelque Ennemi étranger, on fe
promettoit un fecours prompt & ef-
ficace.

Le Chevalier de St. Georges, plus
connu fous le nom de Prétendant, n'a-
iant d'autres raifons à aporter que des
Proteftations, en fit une contre tout
ce qui pouvoit être ftatué. On ftipula
à fon préjudice dans le Congrès d'U-
trecht. Son Acte de Proteftation eft
daté de St. Germain-en-Laïe; & ce
Prince l'adreffa en particulier à tous
les Miniftres, affemblés à Utrecht
quelques années auparavant. Le 11.
Avril 1701. Anne d'Orléans, Duchef-
fe de Savoïe & Princeffe du Sang d'Angleterre, par Henriette d'Angleterre fa Mere, avoit protefté contre l'Acte du Parlement d'Angleterre, coa-
cer-

cernant la Succeffion de la Couronne.

Cette derniére guerre de 1744. ouverte entre l'Angleterre & d'autres Puiffances, firent efpérer quelques fuccès avantageux au Chevalier de St. Georges, héritier légitime des Couronnes de la Grande-Bretagne. Il fit embarquer le Prince Edouard, fon Fils aîné, pour paffer en Ecoffe. Ce Prince vint mouiller dans les environs de Bochaber, où il débarqua, entre les Ifles de Mulle & de Skie. Il fut joint auffi - tôt après fon débarquement, par plufieurs Seigneurs & Gentilshommes attachés à fes intérêts. Ce Prince ne fut pas plûtôt arrivé en Ecoffe, qu'il fit diftribuer un Manifefte, que je crois devoir raporter, comme une piéce effentielle pour ceux qui s'intéreffent au fort de cette Maifon.

» CHARLES, Prince de Galles,&c.
» Régent des Roïaumes d'Angleterre ,
» d'Ecoffe, de France, & d'Irlande,
» &c. A tous les Sujets de Sa Majefté ,
» de quelque condition qu'ils foient :
» Salut. Auffi-tôt que nous avons été
» arrivé en Ecoffe, où conduit par la
» Divine Providence, nous avons été
» joint

» joint par une poignée de fidèles Su-
» jets du Roi notre Pere ; notre pre-
» mier foin a été de publier fa très-gra-
» tieufe Déclaration : & en conféquen-
» ce des Pouvoirs dont il lui a plû de
» nous revétir en qualité de Régent,
» nous avons donné auffi notre propre
» Manifefte, pour expliquer & éten-
» dre les promeffes qui avoient d'a-
» bord été faites, conformément aux
» lumiéres que nous avons prifes, fur
» ce qui concerne les intérêts & les de-
» voirs de la nation Ecoffoife.

» Maintenant qu'il a plû à Dieu de
» favorifer notre entreprife du Roïau-
» me d'Ecoffe, nous avons trouvé con-
» venable de publier ce prefent Mani-
» fefte, pour remplir de confolation &
» de fatisfaction le cœur des fidèles fu-
» jets de Sa Majefté, de quelque Nation
» qu'ils puiffent être.

» C'eft pourquoi nous déclarons,
» au nom de Sa Majefté, que fa feule
» intention eft de rétablir tous fes fu-
» jets dans la pleine joüiffance de leur
» Religion, Loix, & Libertés, & que
» notre entreprife n'a jamais été faite
» en vûë de rendre efclave un Peuple
» libre ;

» libre ; mais au contraire , de réparer
» les ateintes qu'on avoit pû porter à
» fa liberté. Nos deffeins ne font point
» de contraindre à embraffer aucune
» Religion, que la Nation ne voudroit
» pas fuivre ; mais de maintenir & pro-
» téger celles qui font déja établies en
» Angleterre, Ecoffe, & Irlande ; &
» s'il eft befoin qu'il foit donné quel-
» qu'affurance de plus au Clergé & à
» l'Eglife établie, ainfi qu'elle l'eft ;
» nous promettons, au nom de Sa Ma-
» jefté, qu'il fera donné à cet égard
» telle loi que le Parlement jugera né-
» ceffaire.

» Et pour faire connoître la droi-
» ture des intentions du Roi notre
» Pere, nous déclarons en outre, fur
» ce qui concerne les dettes de la Na-
» tion, que quoiqu'elles aïent été fai-
» tes & contractées fous un Gouver-
» nement illégitime & mal-entendu,
» ainfi que chacun peut le connoître
» & l'avouer, & quoique ce fardeau
» foit extrêmement pefant ; cepen-
» dant, eu égard à ce que ces dettes
» intéreffent la plus grande partie des
» fujets de Sa Majefté, qu'elle promet
» de

» de protéger, chérir & défendre, il
» est résolu de prendre sur cet objet l'a-
» vis de son Parlement, pour marquer
» à ses Peuples que leur seul avantage
» est le but de toutes ses actions &
» intentions.

» Nous déclarons aussi, en son nom,
» que la même régle, établie pour les
» fonds, sera suivie & exécutée aux
» termes de chaque Loi & Actes du
» Parlement, passés depuis la Révo-
» lution. Et s'il est besoin qu'elle soit
» aprouvée dans un Parlement libre
» & loïalement assemblé, Sa Majesté
» le confirmera.

» Quant à la prétenduë union des
» deux Nations, Sa Majesté ne peut
» ni ne doit la ratifier, vû les remon-
» trances qui ont toujours été faites
» de la part des deux Roïaumes, &
» qu'il est incontestable que le point
» de vuë principal a été l'exclusion de
» la Famille Roïale au droit légitime
» qu'elle a à la Couronne. On sait,
» pour l'en écarter, quelles séductions
» & voïes corrompuës ont été prati-
» quées ouvertement ; mais pour tout
» ce qui pourra convenir aux intérêts
» &

» & à l'avantage des deux Nations,
» Sa Majesté se portera toujours à
» remplir les vûës de son Parlement,
» sur les Mémoires qu'il lui fournira.
» Après avoir donné, au nom de
» Sa Majesté, une aussi ample assu-
» rance qu'un Souverain de la Gran-
» de - Bretagne peut vous accorder
» pour le maintien de votre Religion,
» la jouïssance de vos biens & de vos
» Loix ; Nous, pour nous-même, &
» comme héritier présomptif à la Cou-
» ronne, ratifions, & confirmons la
» même Déclaration en notre nom,
» devant le Dieu Tout-puissant, sur la
» foi d'un Chrétien & l'honneur d'un
» Prince ; c'est à vous-mêmes, Sujets
» de mon Pere, que je veux me plain-
» dre aujourd'hui, & ne pas manquer
» cette occasion de réveiller votre
» atention, pour dissiper le nuage que
» les plumes mal intentionnées répan-
» dent depuis long-tems, & encore
» à présent, sur la vérité. Vos chaî-
» nes, vos assemblées, & vos papiers
» hebdomadaires ne sont remplis que
» de termes éfraïans de Papisme, d'es-
» clavage, de tyrannie, & de pouvoir

　　» arbi-

» arbitraire, auxquels vous êtes me-
» nacés d'être affujétis, par le pouvoir
» formidable de la France & de l'Ef-
» pagne. Le Roi, mon Pere, y eft
» reprefenté comme un Tyran avide
» de fang, & qui ne refpire que pour
» la deftruction de ceux qui ne vou-
» dront pas embraffer une Religion
» qu'ils ont en horreur. Je n'y fuis pas
» moi-même traité avec plus de mé-
» nagement; mais reconnoiffés & ren-
» dés juftice à la vérité.

» Je me fuis rifqué dans un petit
» vaiffeau, fans argent, fans armes,
» fans avis. Je fuis arrivé en Ecoffe,
» accompagné feulement de fept Gen-
» tilshommes.

» J'ai publié la Déclaration du Roi,
» mon Pere, en offrant en fon nom,
» d'un côté, une amniftie générale,
» & de l'autre, la liberté de confcien-
» ce. J'ai promis en outre d'accorder
» tout ce qu'un Parlement libre pro-
» pofera pour le bonheur du Peuple.
» J'ai, je le dois avouer, la plus gran-
» de raifon d'adorer les deffeins du
» Tout-Puiffant, qui m'a protégé d'u-
» ne façon fi marquée, moi, & ma
» petite

» petite armée , au milieu de tous
» les dangers qui m'environnent. Sa
» bonté , qui foutient les bonnes cau-
» fes , m'a conduit à la victoire & m'a
» ouvert les portes de la Capitale de
» ce Roïaume ; j'y fuis entré aux accla-
» mations de tous les fidèles fujets du
» Roi mon Pere. Pourquoi voudroit-
» on animer à prefent les efprits du
» peuple contre mon entreprife ? La
» raifon eft aifée à découvrir ; c'eft
» de peur que le fentiment des fouf-
» frances prefentes n'éface le fouvenir
» des malheurs paffés; mais fi les plain-
» tes autrefois formées contre la Fa-
» mille Roïale , avoient été occafion-
» nées par quelque faute dans le Gou-
» vernement, elle les a bien expiées de-
» puis. Là Nation a maintenant une
» belle occafion de fe garantir de pa-
» reils ennemis pour l'avenir.

» Si notre Famille Roïale a foufert
» l'exil pendant cinquante - fept an-
» nées, comme chacun le fait , la Na-
» tion pendant ce tems en a-t'elle
» été plus heureufe & plus floriffan-
» te ? Avés-vous pù regarder ceux qui
» vous ont gouvernés , comme les Pe-

B 2

» res

» res du Peuple de la Grande-Breta
» gne & d'Irlande? Cette Famille
» laquelle la Faction a voulu porter l
» Diadême, qu'elle a arraché à for
» Prince légitime, vous a-t'elle mar
» qué quelque reconnoissance d'une
» si grande confiance & faveur? Avés-
» vous trouvé plus d'humanité & de
» condescendance dans celles qui n'é-
» toient pas nées pour porter la Cou-
» ronne, que dans vos anciens Rois?
» Leurs oreilles ont-elles été ouvertes
» aux cris du peuple? Ont-ils confi-
» déré les intérêts de la Nation pré-
» férablement aux leurs? Quel avan-
» tage avés-vous tiré de leur Gouver-
» nement, si ce n'est d'être accablés
» de dettes?

» Si vous tenés pour l'affirmative,
» pourquoi donc dans vos Assemblées,
» avez-vous été tant de fois prêts de
» vous soulever contre ce mauvais
» Gouvernement? Pourquoi la Nation
» a-t-elle tant de fois porté ses plain-
» tes en vain, pour corriger les abus
» des Parlemens, tant sur leur durée,
» que sur la multitude des Membres
» qui occasionne leur vénalité & l'in-
» tro-

» troduction des Loix pénales , & en
» général contre la misérable situation
» du Roïaume au-dedans & au-dehors?

» Tous ces abus, & beaucoup d'au-
» tres inconvéniens , peuvent être
» détruits, à moins que le Peuple de
» la Grande-Bretagne ne soit corrom-
» pu à tel point, qu'il ne veuille pas
» même accepter la liberté qui lui est
» offerte. Le Roi, mon Pere, à son
» rétablissement, ne refusera rien de
» ce qu'un Parlement libre pourra de-
» mander, pour la sûreté de la Reli-
» gion, des Loix & de la liberté de son
» Peuple.

» Les craintes de la Nation , sur le
» pouvoir de la France & de l'Espagne,
» ne sont pas mieux fondées. Mon ex-
» pédition a été entreprise sans le se-
» cours d'aucune de ces Puissances;
» mais puis-je voir des forces étrangé-
» res apellées par mes Ennemis contre
» moi ? Et quand j'entens qu'ils font
» venir à leur secours les Hollandois,
» Danois, Hessois, Suisses, & autres
» Alliés de l'Electeur d'Hanovre, pour
» soutenir leur Gouvernement contre
» les sujets de mon Pere; n'est-il pas

B 3

» tems

» tems auſſi que mon Pere accepte l'aſ-
» ſiſtance de ceux qui ſont en état de
» le ſecourir ? Le monde entier, & les
» gens d'un jugement ſain, pourront-
» ils inférer de-là qu'il veut devenir un
» Prince tributaire, plûtöt qu'un Mo-
» narque indépendant ? Lequel des
» deux doit être regardé comme le plus
» indépendant des Puiſſances étrangé-
» res, ou celui, qui, avec l'aide de
» ſes propres ſujets, vient de réven-
» diquer ſes Etats des mains d'un In-
» trus, ou celui qui ne peut, ſans l'aſ-
» ſiſtance du dehors, ſoutenir ſon
» Gouvernement au-dedans, quoiqu'é-
» tabli par un pouvoir civil, & ſoute-
» nu par une force militaire, contre
» une troupe mal diſciplinée de ceux
» qui ont gouverné pendant tant d'an-
» nées ?

» Que cet Intrus en faſſe l'expérien-
» ce ; qu'il renvoïe ſes troupes étran-
» géres, ſoudoïées avec l'argent de
» la Nation, & que le ſort d'une ba-
» taille en décide, je n'aurai pour moi,
» & la cauſe de mon Païs, que les ſu-
» jets de mon Pere ; mais quelqu'o-
» poſition qu'il puiſſe faire, je me
» con-

» confierai toujours à la justice de mes
» droits, la valeur de mes troupes, &
» la protection de Dieu, pour ache-
» ver ma glorieuse entreprise.

» Je concluerai avec cette réflexion.
» Les guerres civiles sont toujours fo-
» mentées par des haines invétérées &
» de mauvais desseins, que l'esprit du
» parti ne manque jamais de souffler
» dans le cœur de ceux que différens in-
» térêts, principes, ou vûës mettent en
» opofition les uns aux autres ; c'est
» pourquoi je demande instamment à
» mes amis de ne point se laisser empor-
» ter à la violence de ces passions. Don-
» nons cet exemple de modération à
» nos Ennemis, afin de prévenir les
» mauvais éfets qui pourroient résulter
» des animosités particuliéres. Puisse
» cette presente Déclaration servir de
» témoignage à la postérité, de la
» droiture de mes vûës dans mon en-
» treprise, & de la générosité de mes
» intentions. Donné en notre Palais
» de Holyzordhouse le 10. Octobre
» 1745.

Le Prince Edouard se mit en état de
faire valoir ses raisons, en rassemblant
en-

environ cinq à six mille hommes, qui voulurent bien tenter sa fortune. C'étoient, ou des naturels du païs, ou d'autres qui avoient suivi le Prince.

Le 27. Septembre 1745. son armée étant campée à Graysmille, où quelques Magistrats d'Edimbourg étoient venus se soumettre & lui demander du tems pour dresser une Capitulation, le Prince leur répondit, qu'il ne leur accordoit que quatre heures pour rendre une réponse positive ; & ce délai passé, il donna ordre à un détachement d'escalader la Ville pendant la nuit ; ce qui fut exécuté le matin à l'ouverture des portes. Les soldats du détachement, tous gens déterminés & bien armés, s'emparérent de la Porte & de la grande-garde de la Ville. Le Prince fit son entrée dans Edimbourg, & prit possession du Palais - Roïal. Il laissa 600. hommes dans la Ville ; mais dans la suite il ordonna à ces troupes de l'évacuer, & de venir se joindre à son armée.

Il s'aprocha du Général Cope, qui commandoit l'armée Angloise, que l'on avoit formée des garnisons voisines.

nes, ou fait venir d'Angleterre, & l'aïant joint le 2. Octobre dans les plaines de Preſſonpans, ville de l'Ecoſſe méridionale, dans la Province de Lothiene.

Le Prince lui livra bataille le 2. Octobre 1745. Dès qu'il eut donné le ſignal de l'attaque, ſes troupes marchérent à grands pas vers l'Ennemi & reçûrent tout leur premier feu ; enſuite s'étant avancé à demi portée du piſtolet, elles firent une décharge générale, jettérent leurs fuzils, mirent le ſabre à la main, & pouſſant des cris épouventables, elles fondirent avec tant de fureur ſur l'Ennemi, qu'en moins d'un quart-d'heure elles culbutérent & mirent en déroute toute l'armée Angloiſe, en ſabrérent une partie, & pourſuivirent le reſte au-delà du champ de bataille. La ſeconde ligne des Ecoſſois ne put pas avoir part à l'action ; & il n'y eut guéres que 200. Montagnards qui remportérent cette victoire, ſur une armée de plus de 4000. hommes. Les Anglois eurent plus de 500. hommes tués, 900. bleſſés & 1400. priſonniers. Ils perdirent tous

leurs

leurs canons & leurs mortiers, plusieurs drapeaux & étendarts, quantité
de chevaux & d'armes, & tous leurs
bagages & équipages. Dès que la victoire se fut déclarée, le Prince Edouard
fit cesser le carnage.

L'on ne peut assés loüer la bravoure
que le Prince fit paroître pendant toute l'action.

Quelques jours après la bataille, il
rendit publique la Proclamation suivante.

» Portant une abolition générale de
» tous les excès qui ont été commis
» contre la Maison de Stuard, depuis
» le Détrônement de Jâques II. & une
» invitation à tous les Anglois, Ecos-
» sois, & Irlandois, qui sont au ser-
» vice des Puissances étrangéres, de
» se rendre incessamment dans leur
» Patrie, pour aider le Prince Charles
» Edouard à la délivrer de toute do-
» mination étrangére & tirannique.

Premier Novembre 1745. V. S.

» CHARLES EDOUARD, par la
» grace de Dieu, & par la nomina-
» tion

» tion volontaire de très-haut & très-
» puiffant Prince Jâques III. Roi d'E-
» coffe , d'Angleterre & d'Irlande ,
» Défenfeur de la Foi , notre très-ho-
» noré Pere & Seigneur , Prince de
» Galles , Régent, Protecteur, & Lieu-
» tenant-Général des Roïaumes d'E-
» coffe , d'Angleterre & d'Irlande ; à
» tous ceux qui ces Prefentes liront ;
» Salut. Il eft notoire à tous, qu'en
» 1688. Guillaume, Prince d'Orange ,
» entreprît de ravir au Séréniffime
» Prince Jâques II. notre très-hono-
» ré Aïeul & Seigneur, de glorieufe
» mémoire, les Couronnes de la Gran-
» de-Bretagne & d'Irlande , qui lui
» avoient été tranfmifes, par la naif-
» fance & du confentement unani-
» me du bon Peuple defdits trois
» Roïaumes.

   » Que ledit Prince d'Orange , con-
» tre toutes les Loix Divines & hu-
» maines , & fans aucun droit, fit une
» defcente en Angleterre, avec une ar-
» mée étrangére de 25000. hommes,
» & chaffa du Trône le Souverain ,
» dont il avoit l'honneur d'être Gen-
» dre.

» Que

» Que la Providence aïant permis,
» en punition des péchés de la Mai-
» son Roïale, & des trois Nations qui
» lui étoient sujétes, que le parti le plus
» juste ne fut pas le plus heureux, l'U-
» surpateur se maintint par plusieurs
» victoires sur les Trônes envahis.

» Que pour éloigner de plus en plus
» de ces Trônes, le Monarque qu'il en
» avoit fait descendre, & toute sa pos-
» térité, il s'éforça de répandre un
» doute aussi criminel, que destitué
» de toute vraisemblance, sur la naif-
» sance du Prince de Galles, aujour-
» d'hui Roi d'Ecosse, d'Angleterre &
» d'Irlande, notre très-honoré Pere
» & Seigneur.

» Que cette fable fut rejettée si
» universellement, par la plus grande
» partie de nos Peuples, par toute
» l'Europe, & même par la Princesse
» Anne, notre Tante, qui porta la Cou-
» ronne d'Angleterre après la mort du-
» dit Usurpateur, qu'aucun homme de
» bon sens n'oseroit plus l'avancer dans
» nos trois Roïaumes, sans s'exposer
» au mépris public.

» Que de même, Guillaume inventa
» &

» & fit paſſer le 23. Mars 1701. un pre-
» tendu Acte de Parlement, pour apel-
» ler Sophie de Baviére-Palatin, Fille
» d'Elizabeth, Electrice-Palatine, Pe-
» tite-Fille de Jâques I. & mariée en
» 1658. à Erneſt - Auguſte , Duc de
» Brunſwick - Lunebourg , Evêque
» d'Oſnabrug , & la poſtérité Proteſ-
» tante de ladite Sophie & dudit Er-
» neſt-Auguſte, à la Succeſſion des mê-
» mes Roïaumes , & pour en exclure
» à jamais notre Roïale Maiſon.

   » Que ladite Princeſſe Anne , agi-
» tée par les remords continuels de ſa
» conſcience , avoit pris les meſures
» propres à nous aſſurer la Succeſſion
» de nos Roïaumes ; mais qu'en vertu
» de l'Acte obtenu par les intrigues
» dudit Roïaume, ces trois Roïaumes
» paſſérent en 1714. après la mort de
» notre tante , ſous la domination des
» Allemands , au mépris des Droits de
» notre Roïale Maiſon , de ſes Proteſ-
» tations , des véritables intérêts de
» nos Peuples, & des opoſitions qu'ils
» firent , même à main armée , à l'exé-
» cution de cet Acte , ſi contraire aux
» Conſtitutions de la Grande-Breta-

          C   » gne

» gne , & à l'ordre de Succeſſion éta-
» bli de tout tems dans nos trois
» Roïaumes.

  » Que les deux Etrangers, qui, en
» vertu de cet Acte , envahirent les
» Trônes qui nous apartiennent ſi lé-
» gitimement , ont abuſé de leur pou-
» voir , pour tranſporter en Allema-
» gne toutes les richeſſes de la nation
» Angloiſe ; ont emploïé ces richeſ-
» ſes à y aquérir de nouvelles Princi-
» pautés ; ont engagé la même Nation
» dans des guerres étrangéres , ſoit
» par la réunion à la Couronne d'An-
» gleterre , de pluſieurs Etats d'Alle-
» magne litigieux , ou injuſtement
» poſſédés par la Maiſon de Brunſwick-
» Hanovre , ſoit par pluſieurs Traités
» de garantie onéreux à la Grande-
» Bretagne , & par pluſieurs autres
» moïens contraires à la conſcience &
» aux véritables intérêts de cette Cou-
» ronne ; que le Conſeil qui a rédigé
» la derniére Harangue , faite par le
» Duc de Brunſwick-Hanovre au Par-
» lement de Londres , a prétendu ſans
» doute tourner ſon Maître en ridi-
» culé , en faiſant donner par ce Prin-
» ce

» ce né à Hanovre, & dont les An-
» cêtres n'ont régné que dans un pe-
» tit coin de l'Allemagne, à notre très-
» honoré Seigneur & Pere né à Lon-
» dres, & dont les Ancêtres ont porté
» depuis si long-tems les Couronnes de
» nos trois Roïaumes, le titre odieux
» d'Etranger.

» Que quand même l'Acte du 23.
» Mars 1701. qui appelloit à la Succes-
» sion de ces Roïaumes une Maison
» étrangére, au préjudice de notre
» Maison Roïale, auroit été légitime,
» & que le motif sur lequel on a pré-
» tendu le fonder, auroit été juste &
» vrai; ce motif, savoir, le danger de
» la Religion Protestante dans nos
» trois Roïaumes, venant à cesser dans
» notre Personne, l'Acte qui en fut la
» suite, perd par-là sa force radicale,
» & est révoqué & anéanti, *ipso facto.*

» Que si la Nation Angloise a cru
» être en droit de détrôner un Prince
» naturel du Païs, pour lui substituer
» des Etrangers, elle ne l'est pas moins
» de les chasser pour rétablir l'ancien-
» ne Famille Roïale.

» Que l'on se trompe grossiérement,
C 2 » lors-

» lorſqu'on donne le nom odieux de
» Rebelles aux perſonnes armées pour
» procurer ce rétabliſſement, parce
» qu'il ne s'agit pas, dans le cas pre-
» ſent, de prendre les armes contre un
» Supérieur légitime, en faveur d'un
» Sujet mécontent, d'un Prétendant,
» ou d'un Uſurpateur, dépourvu d'un
» juſte titre ; mais il s'agit de favori-
» ſer le Supérieur légitime, fondé ſur
» des titres anciens, inconteſtables, &
» dont il ne s'eſt jamais déſiſté ; con-
» tre un Uſurpateur, qui n'a pour lui
» qu'une poſſeſſion contredite, récen-
» te, & dont il a même abuſé, au
» grand détriment de nos trois Ro-
» ïaumes.

» Qu'il ſeroit abſurde de ſoutenir
» que la poſſeſſion d'environ 30. an-
» nées, qui, comparée à pluſieurs ſié-
» cles, n'eſt pour ainſi dire qu'une poſ-
» ſeſſion momentanée, puiſſe avoir
» éteint en faveur d'une branche fémi-
» nine collatérale, très-éloignée, tel-
» le qu'eſt la poſtérité d'Elizabeth,
» fille de Jâques I. notre très-honoré
» Triſaïeul, de glorieuſe mémoire, les
» Droits aquis par la maſculinité ; &

» par

» par une Succeſſion de Pere en Fils,
» à la ligne directe & maſculine, hé-
» ritiére inconteſtable des Maiſons
» d'Yorck & de Lancaſtre, telle qu'eſt
» la poſtérité maſculine de Charles I.
» notre très-honoré Seigneur, & Bi-
» ſaïeul, de glorieuſe mémoire, &
» frére d'Elizabeth, de même qu'il
» auroit été abſurde de prétendre que
» la poſſeſſion paiſible du Roïaume de
» Portugal, par la Maiſon d'Autriche,
» eut entiérement ôté aux Portugais
» le droit de rapeller la Maiſon de Bra-
» gance ; ou que la poſſeſſion violen-
» te de Cromwel & de Richard ſon
» fils, eut privé nos trois Roïaumes
» du droit de rétablir ſur le Trône de
» la Grande - Bretagne ladite poſſeſ-
» ſion maſculine de Charles I.

  » Que les raiſons alléguées autre-
» fois dans ces deux cas, par la Mai-
» ſon d'Autriche, par Cromwel, &
» par leurs Adhérans, étant précifé-
» ment les mêmes que celles qu'al-
» léguent aujourd'hui les fauteurs de
» la domination étrangére Alleman-
» de, n'ont pas aujourd'hui plus de
» force contre notre Roïale Maiſon,
C 3 » qu'el-

» qu'elles en avoient du tems de l'U-
» furpateur Cromwel & de fon Fils,
» & ne lient pas plus nos fujets envers
» la Maifon de Brunfwick, qu'ils
» étoient autrefois liés à la Maifon de
» cet Ufurpateur, & que les Portugais
» étoient liés à la Maifon d'Efpagne.

» Qu'il feroit ridicule enfin d'avan-
» cer que par notre rétabliffement la
» Nation eft en danger de devenir la
» proïe du pouvoir arbitraire ; comme
» fi elle n'avoit pas plus à craindre de
» la part d'un Prince que tient l'Alle-
» magne à fes gages, qui par la rivière
» de Brême peut faire des embarque-
» mens confidérables, & renouveller
» chaque jour l'invafion des anciens
» Saxons, que de la part d'un Prince,
» qui n'auroit pour fe maintenir fur le
» Trône Paternel, d'autre reffource
» que le cœur de fes fujets.

» A ces caufes, Nous, au nom du
» Séréniffime & très-puiffant Prince
» Jâques III. Roi d'Ecoffe, d'Angle-
» terre & d'Irlande, Défenfeur de la
» Foi, & héritier inconteftable des
» Maifons d'Yorck & de Lancaftre,
» notre très-honoré Pere & Seigneur,
» en

» en vertu du pouvoir attaché à notre
» Charge de Régent, de Protecteur &
» de Lieutenant-Général desdits trois
» Roïaumes; du consentement libre
» de la plus saine & de la plus nom-
» breuse partie des Ecossois, Anglois,
» & Irlandois, qui nous ont apellé à
» la jouissance de nosdits Roïaumes,
» & à les aider à secouer le joug ti-
» rannique des Allemands; & par le
» Droit imprescriptible que la nature
» & les Loix positives accordent aux
» enfans, de reclamer en tout tems,
» & contre tous Usurpateurs de mau-
» vaise foi, l'Héritage & les Couron-
» nes de leurs Ancêtres, déclarons ce
» ce qui suit.

» I. Nous cassons, révoquons, an-
» nullons les Actes passés en 1689. &
» les années suivantes, sous l'Usurpa-
» tion de Guillaume, Prince d'Oran-
» ge, contre la Personne, la Famille,
» & l'autorité de Jâques II. Roi de la
» Grande-Bretagne, & d'Irlande, no-
» tre très-honoré Seigneur & Aïeul;
» & tous les Actes qui en ont été une
» suite, & qui ont tendu au même but,
» tant avant qu'après la mort de cet
» Usur-

» Usurpateur , qu'avant & après la
» mort d'Anne Stuard , & pendant l'U-
» surpation des deux Princes de Bruns-
» wick-Hanovre, & nommément l'Ac-
» te du 23. Mars 1701. par lequel la-
» dite Sophie de Baviére-Palatin , &
» sa Postérité-Protestante , furent ap-
» pellés à la Couronne d'Angleterre,
» au préjudice de notre Roïale Maison.
    » II. Nous consentons à reconnoî-
» tre pour légitimes , les Parlemens
» qui ont été convoqués & assemblés
» depuis cette Révolution ; & par gra-
» ce spéciale, pour procurer plutôt à
» nos Peuples une pacification géné-
» rale, & pour calmer leurs conscien-
» ces à l'égard des procédures injus-
» tes faites contre nous ; mais sans dé-
» roger néanmoins aux Loix fonda-
» mentales de la Nation , nous accor-
» dons à ces Parlemens , convoqués
» par des Rois de fait, le même pou-
» voir législatif, dont doivent joüir
» les seuls Parlemens convoqués par
» des Rois de fait & de droit ; (a) &
                                    » en

(a) Distinction connuë dans l'Histoire
d'Angleterre.

» en conséquence nous confirmons
» tous les Actes passés depuis ladite
» Révolution, à l'avantage des Peu-
» ples de nos trois Roïaumes, sans y
» comprendre néanmoins les Actes
» auxquels il est expressément déro-
» gé par ces Presentes, & auxquels
» nous jugerons à propos de déroger
» après notre entier rétablissement,
» de l'avis de nos Parlemens.

» III. Nous voulons que les Parle-
» mens d'Angleterre, d'Ecosse & d'Ir-
» lande, soient à l'avenir triennaux,
» sans qu'ils puissent être prorogés plus
» long-tems, sous quelque prétexte
» que ce puisse être.

» IV. Nous promettons de ne per-
» mettre jamais dans l'étenduë de nos
» trois Roïaumes, d'Ecosse, d'Angle-
» terre & d'Irlande, que personne soit
» gêné, inquiété, persécuté, dans son
» corps ou dans ses biens, par raport
» à la profession de sa Religion, quel-
» le qu'elle puisse être.

» V. Nous confirmons toutes les
» Loix faites pour la conservation de
» la Religion Anglicane en Angleter-
» re, & de la Religion dominante en
» Ecosse,

» Ecosse, sur le pié qu'elles y sont éta-
» blies, & nous promettons de pren-
» dre , de concert avec nos Parle-
» mens, avec les Prélats, & avec les
» autres personnes Ecclésiastiques,
» qu'il appartiendra, les mesures les
» plus propres à les maintenir toujours
» dans un état florissant, n'entendant
» aucunement annuller ledit Acte du
» 23. Mars 1701. quant à ses motifs;
» savoir, quant au Projet d'assurer la
» Succession desd. trois Couronnes
» dans une Maison Protestante ; mais
» seulement quant aux moïens ; savoir,
» l'exclusion de notre Famille Roïale
» en faveur d'autres Maisons Protes-
» tantes étrangéres.

» VI. Nous promettons au Clergé
» de nos trois Roïaumes de leur per-
» mettre d'assembler des Sinodes Na-
» tionaux , Provinciaux, ou Diocè-
» sains, (a) pour y délibérer librement
» de tous les Points qui concernent
» la Foi ou la Discipline : liberté qui
» lui a toujours été refusée , sous la
» domi-

(a) Les Anglois apellent ces Sinodes,
Convocations.

» dominarion étrangére Allemande.

» VII. Nous promettons de don-
» ner notre confentement à un Bill,
» par lequel il fera porté, que toutes
» les perfonnes attachées à le Cour,
» par des Charges ou par des Pen-
» fions, ne pourront voter dans au-
» cune des deux Chambres des Par-
» lemens de nos trois Roïaumes, auffi
» long - tems qu'elles jouiront defd.
» Charges ou Penfions.

» VIII. Nous promettons de faire
» rendre un compte exaâ des deniers
» publics à tous ceux qui en ont eû
» l'adminiftration pendant l'ufurpa-
» tion Allemande.

» IX. Nous promettons un pardon
» général, une amniftie fincére & une
» entiére abolition, à l'égard de tout
» ce qui a été machiné, entrepris,
» fait, & ftatué, direâement ou indi-
» reâement, par le public ou par les
» particuliers, fans diftinâion, excep-
» tion, ou réferve quelconques, con-
» tre Nous & notre Roïale Maifon,
» depuis la Révolution de 1688.

» X. N'entendons néanmoins com-
» prendre dans ladite abolition géné-
» rale,

» rale, les particuliers, de quelque
» rang & condition qu'ils soient, qui,
» en persévérant dans leur révolte dé-
» naturée, contre nous & contre no-
» tre Roïale Maison, ont levé, ou le-
» veront à leurs frais, des Régimens
» ou des Compagnies contre notre
» service, auquel cas nous permettons
» à nos loïaux & fidèles Sujets, de cou-
» rir sus à ces personnes dénaturées,
» acharnées à maintenir dans nos trois
» Roïaumes la domination étrangére
» & la tyrannie Allemande, & de dé-
» truire leursdites personnes & leurs
» biens, par le fer & par le feu, si dans
» l'espace de deux mois elles n'ont
» licentié les troupes levées à leurs
» dépens.

» XI. Nous ordonnons à tous les
» bons Anglois, Ecossois, & Irlan-
» dois, engagés au service de la Mai-
» son de Brunswick-Hanovre, & de
» ses Alliés ou Adhérans, de quitter
» ledit service sur terre dans l'espace
» de six semaines, & sur mer dans l'es-
» pace de trois mois, à compter du jour
» de la publication des Presentes, sous
» peine de confiscation de corps &
» de

» de biens, ou d'exécutions militai-
» res, sur les maisons & sur les terres
» de leur dépendance : annullent au
» surplus, & cessant leurs sermens,
» & tous les autres engagemens con-
» tractés par elles avec l'Ennemi, com-
» me nuls de droit , & faits contre
» leur Souverain légitime.

» XII. Nous ordonnons à tous les
» bons Anglois, Ecossois, & Irlandois,
» engagés au service des Couronnes
» Etrangéres, de quitter au plutôt led.
» service, pour se rendre auprès de
» nous, & venir nous aider à délivrer
» la Patrie du joug étranger & Alle-
» mand; leur promettant qu'ils rece-
» vront de nous des récompenses pro-
» portionnées à leurs services.

» XIII. Nous prions les Puissances
» Etrangéres , qui ont aucuns de nos
» sujets engagés dans leur service de
» terre ou de mer, de leur permet-
» tre de se rendre auprès de nous, &
» de leur procurer les facilités néces-
» faires pour cela, leur promettant de
» leur rendre très-exactement les frais
» & les dépenses qu'elles pourront fai-
» re à cette occasion ; & même les

» mêmes corps de troupes, après que
» nous ferons établis fur nos Trônes.

» XIV. Nous exhortons toutes les
» perfonnes de nos Roïaumes , bien
» intentionnées pour notre Roïale
» Maifon , & qui ont en horreur la
» révolte qui l'a renduë depuis 1689.
» errante dans les terres étrangéres,
» de nous prêter les fecours qui dé-
» pendront d'elles , & de fe joindre
» au plutôt à nous , leur promettant
» qu'elles recevront tous les encou-
» ragemens poffibles.

» XV. Tout Officier-Général qui fe
» rendra auprès de nous, y fera em-
» ploïé dans le même grade, ou dans
» un grade fupérieur à celui qu'il avoit
» au fervice de l'Ennemi , ou au fer-
» vice de l'Etranger. Tout Colonel
» réformé , ou en pié , fera élevé au
» grade d'Officier-Général. Tout Lieu-
» tenant-Colonel , ou Major , aura le
» Brevet de Colonel , ou Major, de
» même que les Capitaines qui nous
» viendront joindre avec leurs Com-
» pagnies, ou du moins avec un nom-
» bre de foldats affés confidérable pour
» former un corps. Les Lieutenans
» auront

» auront fur le champ le Brevet de
» Capitaines ; les Sergens auront ce-
» lui de Lieutenans, ou de Capitaines,
» s'ils nous conduifent des foldats avec
» eux ; & tous les fimples foldats, qui
» auront au moins quatre ans de fervi-
» ce, feront emploïés pour Sergens ;
» chaque fimple foldat de pié ou de
» cheval, qui prendra parti dans nos
» troupes, aura un congé de trois ans,
» avec 12 liv. fterling d'engagement.
» Tout homme qui voudra fervir dans
» nos troupes, y fera admis, pourvu
» qu'il s'engage à fervir au moins un an
» entier, moïennant 3 liv. fterling d'en-
» gagement. Tout fantaffin qui dé-
» fertera des troupes Ennemies, aura
» 8 liv. fterling de récompenfe, &
» tout cavalier qui défertera, avec fon
» cheval & fes armes, aura une ré-
» compenfe de 12 liv. fterling, foit
» qu'ils veuillent ou ne veuillent pas
» prendre parti dans nos troupes.
 » X V I. Tous les Capitaines des
» Vaiffeaux de guerre, au fervice &
» aïant commiffion de l'Ennemi, qui
» fe rendront fous notre pavillon, avec
» leurs Vaiffeaux & équipages, feront
D 2   » décla-

» déclarés Chefs d'Escadre. Tous ceux
» qui armeront un ou plusieurs Vais-
» seaux pour notre service, auront le
» grade & les récompenses que méri-
» tera la grandeur de leurs services ;
» & ceux de nos Capitaines, ou de
» nos Armateurs, qui prendront sur
» l'Ennemi un Vaisseau de guerre,
» ou autres, seront récompensés à pro-
» portion de la valeur de la prise qu'ils
» auront faite.

» XVII. Nous ferons, par ces Pre-
» sentes, savoir à l'Ennemi que nous
» traiterons ses prisonniers de guerre
» de la maniére dont il traitera les nô-
» tres; mais que s'il a la cruauté de con-
» damner aucun des nôtres à la mort,
» ou à être transporté dans les Colo-
» nies, nous en ferons pendre sur le
» champ, ou nous en envoïerons dans
» les Roïaumes de Maroc, ou autres
» lieux d'Afrique, pour y être vendus
» comme esclaves, deux des siens
» pour un des nôtres, qu'il oseroit
» faire mourir ou transporter ; défen-
» dant au surplus très-expressément à
» nos fidèles sujets, de porter leur zèle
» pour nous, & pour notre Roïale Mai-
» son,

» fon, jufqu'à fe fervir du poignard ou
» du poifon contre aucun des Princes
» de la Maifon de Brunfwick-Hanovre,
» ou aucun de leurs Miniftres ou Ad-
» hérans ; menaçant , au contraire ,
» ceux qui auroient recours à de pa-
» reils atentats, de les faire punir nous-
» même, avec autant de rigueur qu'ils
» pourroient l'être par nos Ennemis
» & par leurs Officiers.

   » XVIII. Quant au Traité fait en
» 1707. pour la Réünion de notre
» Roïaume d'Ecoffe , avec celui d'An-
» gleterre, en vertu duquel Traité ce-
» lui d'Ecoffe eft devenu comme une
» Province de l'autre , & a été privé du
» droit d'affembler fes propres Parle-
» mens, nous permettons de convo-
» quer, après la Paix, une Affemblée
» des Perfonnages les plus notables
» des deux Roïaumes, pour examiner
» de nouveau & terminer à l'amiable
» ce grief, & pour y aporter les re-
» médes les plus convenables ; foit
» en caffant ou réformant ledit Traité
» d'Union ; foit en le confirmant, fauf à
» augmenter, s'il en eft befoin, le nom-
» bre des Pairs, & des reprefentans des

D 3   » Com-

» Communes d'Ecoffe, dans les Par-
» lemens de la Grande-Bretagne, & à
» régler que lesdits Parlemens, siége-
» ront alternativement à Londres & à
» Edimbourg, afin de rétablir par-là
» la Couronne d'Ecoffe dans son an-
» cien lustre.

» Mandons à tous les Officiers de
» nos Armées, & de nos Cours de Ju-
» stice & de Police, de tenir la main
» autant qu'à chacun d'eux apartient,
» à la publication & à l'exécution des
» Presentes. Donné dans notre Camp
» d'Ecclefeighton, cejourd'hui pre-
» mier Novembre, l'an de grace mil
» sept cens quarante-cinq, du Régne
» de notre très-honoré Seigneur & Pe-
» re (a) le quarante-quatre, & de no-
» tre régne le second. *Signé*, C H A R-
» L E S É D O U A R D, *Régent, Protec-*
» *teur & Lieutenant-Général des Roïau-*
» *mes d'Ecoffe, d'Angleterre & d'Irlande.*

Le

(*a*) Ce Prince parvint à la Couronne,
par le décès de Jâques II. son Pere, mort
à St. Germain-en-Laïe le 16. Novembre
1701. & fut reconnu en cette qualité par
Loüis XIV. par tous les Alliés de sa Maison, & par tous ses Sujets fidèles.

Le 25. Novembre 1745. le Prince Edouard fit former l'inveſtiſſement de Carliſe, ville d'Angleterre, capitale de la Province de Cumberland. Il fit ouvrir la tranchée le même jour : les travaux furent pouſſés avec tant de ſuccès, que le 26. avant le jour la garniſon ſe retira dans le Château. Les habitans ſe rachetérent du pillage en païant deux mille livres ſterling. Le Château ne réſiſta que quelques heures, & ne pût obtenir d'autres conditions, que de ſortir deſarmés, & de s'engager à ne point ſervir contre la Maiſon de Stuard. Les Ecoſſois trouvérent dans cette Place 20. piéces de canon, 80. barils de poudre, d'autres munitions de guerre, & des armes neuves pour 1500. hommes, ſans compter les armes de la garniſon. Il eſt vrai que le Duc de Cumberland la reprit le 10. Janvier 1746. & que ce Prince ne voulut accorder aucune Capitulation à la garniſon, qui fut obligée de ſe remettre à la clémence du Roi.

Les exploits du Prince Edouard parvinrent juſqu'aux habitants des Hebudes, ou Hebrides, Iſle de l'Océan

cean, à l'Occident de l'Ecoſſe, Peuples à demi ſauvages. Ces Montagnards,
& ceux des Orcades, deſcendirent en
foule de leurs Montagnes, avec leurs
femmes & leurs enfans ; & plus de
4000. d'entr'eux vinrent offrir leurs
ſervices au Prince Edouard, & lui jurer, la main ſur la poitrine, qu'ils ſe
ſacrifieroient pour lui. Ils arrivérent
tous armés, ſous la conduite de leur
Chef, & conduiſirent des chiens, accoutumez à combattre avec eux.

Le Prince Edouard les reçut avec
bonté. Leur Chef s'aprocha de lui, la
main ſur la poitrine, & lui jura, au
nom de ſa troupe, qu'il vouloit mourir pour lui.

Les affaires d'Ecoſſe, qui devenoient
de jour en jour plus interreſſantes pour
le Roi d'Angleterre, obligérent ce
Prince de faire repaſſer la mer à une
partie de ſes troupes & à recourir aux
Hollandois, pour les engager à fournir
les ſix mille hommes, auxquels ils s'étoient obligés par la garantie du Traité
d'Utrecht, dans lequel il eſt dit, que
dans le cas que quelque Puiſſance
veuille troubler l'ordre de Succeſſion
établi.

établi par les Actes du Parlement, les Provinces-Unies envoïeront au secours de l'Angleterre 6000. hommes de pié & 20. Vaisseaux de guerre, & que ce secours sera entretenu à leurs dépens ; & s'il ne suffit pas, les Etats-Généraux agiront de toutes leurs forces, en déclarant la guerre. *Tr. de Garantie, art.* 14.

Les Hollandois, toujours portés favorablement pour les Ennemis de la France, profitoient de toutes les occasions qui s'offroient de le faire connoître. Ils ne se bornoient pas aux actes d'hostilité indirects, ils violoient même ouvertement les Traités les plus solemnels. Ils s'étoient engagés, comme on va le voir plus bas, à ne faire faire aucun service militaire aux troupes qui composoient les garnisons de Tournay & de Dendermonde. Ils vouloient cependant les comprendre dans les secours qu'ils envoïoient en Angleterre ; c'est pourquoi M. l'Abbé de la Ville, Ministre de Sa Majesté Très-Chrétienne, remit le 18. de Septembre 1745. aux Etats - Généraux des Provinces-Unies le Mémoire suivant, auquel

ils

ils firent une réponſe, qui leur mérita
une replique, que j'ai crû devoir joindre aux Piéces précédentes.

Hauts & Puiſſants Seigneurs,

» Le Roi aïant été informé que vos
» Hautes-Puiſſances s'étoient détermi-
» nées à faire paſſer en Angleterre,
» comme troupes auxiliaires du Roi de
» la Grande-Bretagne, huit des batail-
» lons qui ont défendu Tournay, ou
» les autres Places que Sa Majeſte a
» conquiſes dans les Païs-Bas, Sa Ma-
» jeſté s'eſt fait raporter la Capitulation
» de Tournay, à l'inſtar de laquelle les
» Capitulations des autres Places ont
» été faites. Il y eſt exprimé en propres
» termes, que les troupes ne pourront
» ſervir contre Sa Majeſté ni contre ſes
» Alliés, juſqu'au premier Janvier
» 1747. ni faire aucune fonction mili-
» taire, de quelque nature que ce ſoit,
» dans les Places les plus reculées de la
» frontiére ; & que les Officiers, ni les
» ſoldats, ne pourront pendant ce ter-
» me paſſer dans aucun ſervice étran-
» ger.

» Cet

» Cet engagement est si clair & si
» précis, que le Roi n'avoit pas jugé
» dévoir ajoûter foi aux bruits qui se
» répandirent au commencement du
» mois d'Août, que vos Hautes-Puis-
» sances pensoient à faire servir ces
» troupes comme auxiliaires du Roi
» de la Grande-Bretagne, en Angleter-
» re ou en Ecosse; & Sa Majesté ne peut
» regarder que comme une infraction
» des Capitulations qu'elle a bien vou-
» lu acorder aux Troupes de la Répu-
» blique, toute destination & emploi
» de ces troupes comme auxiliaires du
» Roi d'Angleterre, après qu'elles ont
» été obligées de renoncer au titre
» d'auxiliaires de la Reine de Hongrie,
» pendant un terme limité. L'obliga-
» tion de ne passer pendant ce terme
» dans aucun service étranger, est mê-
» me prévûë & stipulée expressément
» dans la Capitulation de Tournay,
» pour tout Officier ou Soldat de ces
» troupes; & c'est à plus forte raison
» un engagement formel pour tout le
» corps des troupes qui se trouvent
» dans le cas de cette Capitulation.
    » D'ailleurs, Hauts & Puissants Sei-
                  » gneurs,

» gheurs, vos Hautes-Puissances juge-
» ront sans doute que le Roi, & ses Al-
» liés, pouvant vouloir attaquer l'An-
» gleterre dans son continent, ces
» troupes ne doivent absolument point
» y être transportées pour y servir com-
» me auxiliaires ; outre que leur envoi
» dans la Grande-Bretagne ne pour-
» roit que donner aux Anglois plus de
» moïens d'entretenir & d'emploïer
» contre Sa Majesté, ou ses Alliés,
» dans les Païs-Bas, ou ailleurs, divers
» corps de leurs troupes nationales.

» Toutes ces actions, Hauts & Puis-
» sants Seigneurs, démontrent com-
» bien la destination qui a été faite pour
» l'Angleterre, des troupes qui ont
» fait partie de la garnison de Tour-
» nay, ou des autres Places conquises
» par les armes du Roi, est irrégulié-
» re, & absolument incompatible avec
» la lettre & l'esprit des Capitula-
» tions. Le Roi a donc droit d'atendre
» de l'équité & de la bonne foi de vos
» Hautes-Puissances, qui professent
» tant de fidélité à leurs engagemens,
» qu'elles ne voudront pas lui manquer
» en cette occasion, au point de violer

» ceux

» ceux que leurs troupes ont contrac-
» tés si positivement, & qui, selon les
» droits de la guerre, sont de toute ri-
» gueur dans le droit des gens.

 » J'ai ordre, Hauts & Puissants Sei-
» gneurs, de solliciter une réponse
» prompte & précise de vos Hautes-
» Puissances, au Mémoire que j'ai
» l'honneur de leur remettre. Donné
» à la Haïe le 18. de Septembre 1745.
» *Signé*, L'ABBE' DE LA VILLE.

Résolution de leurs Hautes-Puissances, en
 réponse au précédent Mémoire, extrait
 du Registre des Résolutions de Leurs
 Hautes-Puissances, les Seigneurs Etats-
 Généraux des Provinces-Unies des Païs-
 Bas, du mardi 21. Septembre 1745.

 » On a ouï le raport de MM. de Hec-
» keren à Brantsenbourg, & autres
» Députez de leurs Hautes-Puissances,
» pour les affaires étrangéres, lesquels
» en conséquence de la Commission
» qui leur en a été donnée par la Réso-
» lution du 18. de ce mois, & pour y
» satisfaire, ont examiné, conjointe-
» ment avec MM. les Députez du Con-

» feil d'Etat, le Mémoire de M. l'Abbé
» de la Ville, Miniſtre de France, preſen-
» té à Leurs Hautes-Puiſſances le mê-
» me jour, par lequel il repreſente que
» Sa Majeſté le Roi de France étoit
» informé que Leurs Hautes-Puiſſan-
» ces ſe ſeroient déterminées à faire
» paſſer en Angleterre, comme troupes
» auxiliaires de Sa Majeſté Britanni-
» que, huit des bataillons qui ont dé-
» fendu Tournay, ou les autres Places
» que Sa Majeſté a conquiſes dans les
» Païs-Bas; que cela ſeroit contraire
» aux Capitulations de Tournay, à
» l'inſtar deſquelles celles des autres
» Places avoient été faites; & qu'ainſi
» Sa Majeſté avoit droit d'atendre de
» l'équité & de la bonne foi de leurs
» Hautes-Puiſſances, qu'elles n'y vou-
» droient pas manquer dans cette oc-
» caſion, au point de ſe départir des en-
» gagemens contractés par leurs trou-
» pes; le tout plus amplement ſpécifié
» dans ledit Mémoire, & aux Actes du
» 18. de ce mois.

» Sur quoi aïant été délibéré, il a
» été trouvé bon & arrêté qu'il ſera
» répondu à M. l'Abbé de la Ville ſur
» ſondit

» fondit Mémoire , que l'intention de
» Leurs Hautes-Puiſſances eſt d'ob-
» ſerver , & de faire obſerver les Capi-
» tulations faites par leurs troupes, qui
» ſe ſont trouvées en garniſon dans
» quelques Places qui ont été priſes
» par les armes de Sa Majeſté Très-
» Chrétienne ; qu'ainſi aïant été requi-
» ſes par Sa Majeſté Britannique , en
» vertu de leurs engagemens , de four-
» nir un ſecours contre les ſujets re-
» belles de Sa Majeſté ; avant de ſe dé-
» terminer là-deſſus , elles ont exami-
» né & peſé mûrement ces Capitula-
» tions , & n'ont pas trouvé qu'elles
» les empêchoient d'emploïer ces
» troupes audit éfet ; que pour plus
» grande certitude , elles ont averti
» Sa Majeſté Britannique que ces trou-
» pes ne pourroient être emploïées
» que ſuivant la teneur deſd. Capitula-
» tions , dont elles ont remis à cet éfet
» les extraits qu'elles ont auſſi donné
» par inſtruction au Général qui com-
» mandera ces troupes , de ne les pas
» emploïer à aucun uſage , auquel el-
» les ne pourroient ſervir , ſuivant
» leſd. Capitulations qui lui ont été re-

E 2　　» miſes

» mises en même-tems ; qu'aussi ces
» troupes restent au service, à la sol-
» de & au serment de Leurs Hautes-
» Puissances, & ne passent par con-
» séquent point à un service étranger,
» & ne pourront être emploïées au-
» trement que comme il a été men-
» tionné ci-dessus.

» Que Leurs Hautes-Puissances es-
» pèrent & s'assurent que Sa Majesté
» sera satisfaite dudit éclaircissement,
» & comprendra que Leurs Hautes-
» Puissances, par cette disposition,
» n'ont rien fait contre les Capitula-
» tions susdites, lesquelles elles sont
» resoluës d'observer & de faire ob-
» server en tout point, comme aïant
» une trop haute estime pour l'ami-
» tié de Sadite Majesté, pour contre-
» venir en quoi que ce soit à ces Capi-
» tulations, & sera remis extrait de
» la presente Résolution de Leurs Hau-
» tes-Puissances, par l'Agent de Byc-
» mont, à M. l'Abbé de la Ville, Mi-
» nistre de France.

Nouveau

*Nouveau Mémoire, que M. l'Abbé de
la Ville a presenté sur le même sujet aux
Etats-Généraux, le 6. d'Octobre 1745.*

HAUTS ET PUISSANTS SEIGNEURS,

» Le Roi s'étant fait rendre com-
» pte de la Résolution de Vos Hau-
» tes-Puissances, en réponse au Mé-
» moire que j'eus l'honneur de leur
» presenter le 18. du mois dernier,
» sur la violation des Capitulations de
» Tournay & de Dendermonde, il a
» été facile à Sa Majesté de voir que
» de la part de Vos Hautes-Puissan-
» ces, on avoit éludé de rapeller dans
» cette Résolution les justes considé-
» rations que j'avois exposées dans
» mon Mémoire, sur l'emploi des trou-
» pes qui ont fait partie des garnisons
» de ces deux Places, & qui, selon
» leur Capitulation, ne doivent faire
» jusqu'au premier Janvier 1747. au-
» cune fonction militaire, de quelque
» nature que ce puisse être. D'ailleurs
» les raisons alléguées par Vos Hau-
» tes-Puissances, pour justifier la des-

E 3

» tina-

» tination de ces troupes, comme au-
» xiliaires de la Grande-Bretagne, ne
» peuvent en aucune façon autorifer
» une contravention auffi formelle à
» l'Article III. de la Capitulation de
» Tournay. Je prends la liberté de
» mettre ici cet Article fous les yeux
» de Vos Hautes-Puiffances.

» Par votre réponfe du 21. Septem-
» bre, vous dites, Hauts & Puiffans
» Seigneurs, avoir bien pefé les ter-
» mes de la Capitulation. Vous vous
» rendés Juges & Interprètes de Trai-
» tés qui n'ont jamais dépendu de
» vous. Vous prétendés avoir rempli
» toute obligation, en donnant aux
» Commandans, chargés de condui-
» re ces garnifons en Angleterre, de
» certains ordres que vous n'expli-
» qués pas; mais abandonnons, fi l'on
» veut, les claufes que j'ai traitées
» dans mon précédent Mémoire, &
» qui ont une moins forte aplication
» à la démarche dont le Roi fe plaint
» avec tant de raifon & de juftice; te-
» nons-nous-en à la claufe la plus uni-
» verfelle & la plus abfoluë, qui dit
» tout, fans excepter rien. Nulle in-
» ter-

„ terprétation n'en peut altérer le sens.
„ Il n'est pas permis pendant 18. mois
„ aux garnisons de Tournay & de Den-
„ dermonde, de faire aucune fonction
„ militaire en aucun lieu de la terre.
    „ Si Vos Hautes-Puissances se pro-
„ posent le contraire, leur Résolution
„ sera injuste & deviendra d'une con-
„ séquence funeste dans l'avenir. Vous
„ donnerés, Hauts & Puissants Sei-
„ gneurs, l'exemple de l'infraction la
„ plus éclatante. Vous aurez violé les
„ Droits sacrés, qui mettent un frein
„ aux horreurs de la guerre. Vous au-
„ rés brisé ces liens, qui laissent en-
„ core aux hommes quelqu'ombre des
„ douceurs de la Paix, au milieu mê-
„ me des hostilités les plus cruelles.
„ Vous ôterés aux vainqueurs l'heu-
„ reuse liberté de renvoïer désor-
„ mais les vaincus sur leur parole. En
„ éfet, qui voudra jamais laisser sortir
„ une garnison, sous le serment de ne
„ point porter les armes, si ces ser-
„ mens peuvent être violés, même sans
„ prétexte ?
    „ C'est la séduction des Ennemis du
„ Roi, ou plutôt des vôtres, qui cher-
                              „ chent,

» chent, Hauts & Puiſſants Seigneurs,
» à vous faire violer en leur faveur le
» droit des gens, au mépris de tout
» ce que les Nations doivent reſpec-
» ter. Jaloux de la ſituation avanta-
» geuſe de votre commerce, ils vous
» entraînent fort au-delà du droit d'au-
» xiliaire que vous avez déja trop éten-
» du. Ils voudroient rendre irrécon-
» ciliables ceux que nous venions de
» regarder comme capables de récon-
» cilier l'Europe. Ils s'irritent de l'eſ-
» time & des ménagemens que le Roi
» vous a accordés dans les tems les
» plus difficiles. Ils ferment tous les
» chemins à la Paix, que tant de Na-
» tions deſirent, & qu'elles ont mê-
» me atenduë de la prudence de Vos
» Hautes-Puiſſances.
   » Mes ordres ſont, Hauts & Puiſ-
» ſants Seigneurs, de vous demander
» la réponſe la plus prompte aux nou-
» velles Repreſentations que le Roi a
» bien voulu me permettre de vous
» adreſſer ; & Sa Majeſté s'atend que
» les garniſons de Tournay & de Den-
» dermonde ne feront point partie du
» ſecours que Vos Hautes-Puiſſances
                              » ont

» ont délibéré d'envoïer au Roi d'An-
» gleterre. Donné à la Haïe le 6. d'Oc-
» tobre 1735. *Signé*, L'ABBE' DE
» LA VILLE.

Article III. de la Capitulation de la gar-
nifon de Tournay, fignée par M. le
Maréchal de Saxe, & M. de Brackel,
le 20. Juin 1745.

» Accordé les honneurs de la guer-
» re pour la fortie de la garnifon, ainfi
» qu'il eft demandé ; quant à l'artille-
» rie, Sa Majefté accorde 4. piéces de
» canon du calibre au-deffous de 10. li-
» vres de balle, & 2. mortiers au-def-
» fous de 10. pouces de diamêtre, le
» tout aux armes de la République,
» avec 12. coups par piéce, & à con-
» dition fpéciale, que les troupes qui
» compofent ladite garnifon ne pour-
» ront fervir contre Sa Majefté, ni fes
» Alliés, de ce jour jufqu'au premier
» jour de Janvier 1747. ni faire aucu-
» ne autre fonction militaire, de quel-
» que nature que ce foit, pas même
» de garnifon, dans les Places les plus
» reculées de la frontiére. Ne pour-
» ront pareillement les Officiers, ni
» les

» les Soldats , être incorporés dans
» d'autres régimens pendant ledit ter-
» mé , ni paſſer dans aucun ſervice
» Etranger.

Accordé l'eſcorte demandée pour la con-
duite de la garniſon.

» Que tous les Officiers-Généraux ,
» & de l'Etat Major de la Ville & Ci-
» tadelle , tous les Officiers des deux
» garniſons , de quelque Nation qu'ils
» ſoient , avec leurs domeſtiques &
» équipages , auſſi-bien que les régi-
» mens d'infanterie & de cavalerie à
» pié ou à cheval , ſans aucune excep-
» tion ; les Officiers d'artillerie , bom-
» bardiers , mineurs , & autres , avec
» leurs armes , bagages & chevaux ,
» ſortiront de la Citadelle , avec tou-
» tes les marques d'honneur militai-
» res , tambour battant , enſeignes dé-
» ploïées , balle en bouche & méche
» allumée , avec 8. piéces de gros ca-
» non à différens calibres , & 4. mor-
» tiers , avec leurs affuts , une chié-
» vre équipée & complette , & des
» munitions pour tirer 12. coups de
» chaque piéce , pour ſe rendre par le
» plus court chemin à Gand ; & il leur
» ſera

» fera donné , de la part de Sa Majef-
» té , une efcorte fuffifante pour la fû-
» reté de la garnifon & des équipages.

Les Hollandois furent enfin obligés
de fubftituer d'autres troupes aux garnifons de Tournay & de Dendermonde. Les affaires devenoient trop fé-
rieufes en Ecoffe pour donner le tems
au Roi d'Angleterre d'attendre le ré-
fultat des Conférences. Les 6000. hommes partirent , avec un corps de troupes que le Roi prit à fa folde. On pref-
fa leur arrivée , parce que l'on en fen-
toit l'importance. Le Duc de Cumberland les fuivit de près. Ce Prince arriva dans le courant de Décembre , & il fe mit en état de rétablir les
affaires. Le 28. du même mois , après
une marche de 10. heures confécuti-
ves , il joignit , avec fa cavalerie , un
peu au-delà de Lowhterhall , un corps
des troupes du Prince Edouard. L'endroit n'étant pas en état de foutenir
une défenfe , ce Prince fe retira dans
un village apellé Clefton , fitué à trois
milles de Penrith ; le Duc de Cumberland qui le fuivit , fit attaquer ce
Village par des Dragons , auxquels il
avoit

avoit fait mettre pié à terre. Après un combat de près de 2 heures, dans lequel la perte fut à peu près égale, on abandonna ce poste aux Anglois. Le Duc de Cumberland donna ses ordres pour que la Milice du Païs se tint prête à le joindre, afin de poursuivre les Ennemis; mais le Prince Edouard y avoit pourvû de façon, qu'il fut obligé de changer de dessein. La retraite du corps d'armée du Prince Edouard vers la Frontiére d'Ecosse, détermina le Duc de Cumberland à renvoïer un corps de troupes dans le Comté de Kent, & dans celui d'Essex. Il fit distribuer les troupes de maniére, qu'elles formoient un cordon ou chaîne, depuis Chichester, jusqu'à Douvres, Cantorbery & Rochester, afin d'être en état de s'oposer au débarquement, dont les Côtes d'Ecosse étoient menacées. Ce n'est pas que bien des gens sensés se soient jamais persuadé que la France ait eu d'autre dessein dans ces grands préparatifs, que de retenir en Angleterre des régimens qui se préparoient à passer la mer, ou à faire rapeller une par-

tie

tie de ceux qui l'avoient déja passé ;
de mettre de plus les Hollandois dans
l'impuissance de faire en même-tems
les éforts nécessaires pour la défense
de ce Roïaume, & de se borner sim-
plement à la conservation des Païs-Bas.

L'expérience a fait voir que l'on ne
s'étoit pas trompé ; car à la premiére nouvelle de ce feint armement, la
Cour de Londres prit l'allarme. Il est
vrai que cela causa la réünion de deux
puissantes Factions oposées, qui accordérent únanimement à la Cour des
subsides extraordinaires , & qui con-
sentirent à l'augmentation des forces
de mer & de terre ; mais cela fut toujours avantageux , en ce que cela fit
perdre de vuë la défense des Païs-Bas,
en concentrant dans le sein de l'Angleterre même , toutes les allarmes,
toute l'activité, tous les soins , & toutes les prévoïances du ministére Anglois ; avantages des plus considérables, & qui furent accompagnées d'un
autre non moins important. On ordonna à M. de Roquefeuille de sortir
de Brest, & d'aller croiser dans la Manche , avec une forte Escadre , sous pré-

texte de favoriser le feint armement de Dunkerque. Les aproches de cette Escadre déterminérent le miniſtére Anglois à rapeller les vaiſſeaux deſtinés à renforcer l'Eſcadre de l'Amiral Mathews; & tant que celle de M. de Roquefeuille a tenu la mer, les Anglois n'ont point entrepris de faire ſortir de leurs Ports les bâtimens deſtinés pour la Méditerrannée.

Le défaut de ce Convoi, retardé par cette manœuvre 7. à 8. mois, mit l'Amiral Mathews hors d'état de rien entreprendre de conſidérable, avec les 45. Vaiſſeaux de guerre dont il avoit le commandement. Cet Amiral ne pouvant plus tenir la mer, faute de vivres, d'agrès & de munitions, fut enfin obligé de ſe retirer au Port-Mahon. Ces beſoins, cette retraite, le mirent dans l'impoſſibilité de favoriſer l'invaſion du Roïaume de Naples, auſſi promptement, auſſi éficacement, qu'il lui avoit été ordonné de le faire, & ne contribuérent pas peu à faire échouer cette odieuſe expédition. Quand la Maiſon de Bourbon n'auroit retiré de la prétenduë Deſcente

en

en Angleterre d'autre service que ce-
lui-là, un service de cette nature n'est-il
pas affés important, pour juftifier dans
toutes fes circonftances le Projet de
cette Defcente ? Nous verrons dans
peu les fuites de la Defcente du Prince, en faveur de qui tous ces grands
préparatifs fembloient être faits.

    * Le Roi jugeant que rien ne feroit
plus capable de déconcerter les Projets de fes Ennemis que la prife de
Bruxelles, ville la plus confidérable
des Païs-Bas Autrichiens, & le centre
de leur Gouvernement, la fit affiéger
par le Maréchal de Saxe au cœur de
l'hyver. La rigueur de la faifon, la difficulté des tranfports, une garnifon de
18. bataillons & de 9. efcadrons, ne
furent pas capables d'arrêter M. le Maréchal de Saxe. La Place fe trouva
inveftie en même-tems de tous côtés
le 30. Janvier. Les troupes qui défendoient Vilvorde, & les Forts de fon
canal, furent enlevées. Louvain fut occupé, & la tranchée aïant été ouverte
le 7. Février, la garnifon fut obligée
de

    * Prife de Bruxelles.

F 2

de se rendre prisonniére de guerre à
la vûë d'une armée qui s'assembloit
pour son secours ; dix-sept Officiers-
Généraux qui se trouvérent dans la Ville subirent le même sort , & la Place
se rendit le vingt - un.

Comme la Capitulation m'a paru rai-
sonnée , je l'ai raportée fort au long.

*Articles proposés pour la Capitulation de
la ville de Bruxelles, de la part de Son
Excellence le Comte de Kaunitz-Ritt-
berg , Ministre Plénipotentiaire de Sa
Majesté l'Impératrice Reine de Hongrie & de Bohême, pour le Gouvernement des Païs-Bas.*

» I. Il sera accordé quatre jours , à
» compter de celui auquel la Capi-
» tulation sera signée , pour donner
» avis à Messieurs les Généraux, Com-
» mandans l'armée des Hauts - Alliés
» aux Païs-Bas , de l'état où se trouve
» la ville de Bruxelles ; & attendu le
» secours que l'on a lieu d'espérer ,
» en attendant , il y aura une Suspen-
» sion d'Armes & de tous actes d'hos-
» tilité, & il ne sera pas permis de faire

ni

» ni avancer d'un côté ni d'autre, ni
» batteries, ni tranchées, ni aucune
» forte d'ouvrages. Si le fecours arri-
» ve, du moment que l'on en fera in-
» formé, la Sufpenfion d'Armes cef-
» fera, & l'on ne fera tenu de part &
» d'autre à aucun des Articles de la
» prefente Capitulation. Mais s'il n'ar-
» rive pas pendant ces quatre jours,
» l'on remettra le fur-lendemain à S.
» E. M. le Maréchal de Saxe, Com-
» mandant en chef de Sa Majefté Très-
» Chrétienne, la Place & le Fort de
» Monterey, avec l'arfenal, l'artillerie,
» & les munitions & atirails de guerre
» apartenans à Sa Majefté l'Impératri-
» ce Reine de Hongrie & de Bohê-
» me, à l'exception de quelques pié-
» ces de canon, qui apartiennent en
» propre aux villes de Louvain & de
» Malines, qu'il fera permis aux Ma-
» giftrats defdites Villes de reprendre.
» Et avant que la garnifon en foit for-
» tie, il ne fera permis à aucun foldat
» de l'armée de Sa Majefté Très-Chré-
» tienne d'entrer dans la Ville.

Refufé. On remettra la Porte de Flan-
dres demain vingt-un aux troupes du Roi

E 3　　　　à

à midi, & les troupes Autrichiennes forti-
ront le 24.e au matin. Les piéces qui apar-
tiennent aux villes de Louvain & de Ma-
lines, leur reviendront en tems & lieu ; & il
ne sera permis à aucun soldat d'entrer dans
la Ville avant que la garnison en soit sortie,
excepté les Commissaires & les détachemens
commandés pour recevoir les chevaux des
Hussarts, Cavaliers & Dragons.

» II. Tout ce qui se trouve dans
» la Place de troupes Autrichiennes,
» soit d'infanterie, soit de Dragons,
» ou Hussarts, en sortira avec tous les
» honneurs militaires, & pourra se re-
» tirer, avec ses équipages, éfets &
» vivres nécessaires, à Anvers, par la
» route la plus courte. On fournira les
» escortes & les voitures nécessaires
» pour transporter les bagages, & il
» sera permis aux malades & blessés,
» & à ceux qui sont emploïés pour en
» avoir soin, d'y rester jusqu'à ce que
» lesdits malades soient en état d'être
» transportés.

Toutes les troupes Autrichiennes, Hus-
farts, Fantassins & Dragons, seront pri-
sonniers de guerre & sortiront, sans être
fouillés ni dépouillés, par la Porte de la
Flan-

Flandres, pour être conduits dans les Pla-
ces les moins éloignées. Les Officiers em-
porteront leurs armes, bagages & équipa-
ges, & il sera permis aux malades &
blessés de rester dans la Ville, jusqu'à ce
qu'ils soient en état d'être transportés, &
les voitures d'eau & de terre leur seront
fournies aux frais du Païs.

» III. Le Comte de Lannoy Gou-
» verneur, l'Etat-Major de la Place, &
» tous autres Généraux, Gouverneurs
» de Villes, ou de Provinces, & Of-
» ficiers Autrichiens, de tel caractére
» qu'ils soient, qui s'y trouvent actuel-
» lement, soit en semestre ou autre-
» ment, pourront aussi en sortir avec
» leurs équipages & éfets, & se reti-
» rer où bon leur semblera.

Ils suivront le sort de la garnison, &
auront la liberté de se retirer où bon leur
semblera, sur leur parole, & on leur
donnera les Passe-ports nécessaires à cet éfet.

» IV. Les Officiers d'artillerie, les
» Ingénieurs, le Contrôleur des For-
» tifications, ceux de l'Office de l'Au-
» diteur-Général, Lieutenant des gens
» de guerre, ceux du Commissariât
» & de la Secrétairerie de guerre, le
» Caissier,

» Caiffier de guerre, leurs Commis
» refpectifs, & tous autres Emploïés
» au fervice de S. M. ou de fes Alliés,
» qui peuvent être cenfés de condi-
» tion militaire, pourront également
» fe retirer où ils voudront, & il leur
» fera libre, auffi-bien qu'aux abfens,
» d'emploïer tous leurs équipages,
» papiers & éfets, fans que, fous quel-
» que prétexte que ce foit, ils puif-
» fent être vifités ni arrêtés.

Tous ceux qui font dans le cas du Car-
tel, feront prifonniers de guerre, & il leur
fera permis de fe retirer où bon leur fem-
blera, eux, leur famille, & leurs équi-
pages.

» V. L'Hôpital Britannique, les per-
» fonnes, bagages & éfets qui en dé-
» pendent, & tous autres Soldats, Of-
» ficiers, ou Emploïés au fervice mili-
» taire de quelqu'une des Puiffances
» Alliées de S. M. Impériale, qui fe
» trouvent ici, pourront également
» fe retirer où ils voudront, avec leurs
» équipages & éfets, & il fera per-
» mis aux malades & bleffés de refter
» dans la Place, à leurs frais, jufqu'à
» leur guérifon, avec les perfonnes
,, emploïées

» emploïées pour en avoir foin.

Ils feront traités fuivant le Cartel.

» VI. On ne reclamera aucun des
» deferteurs des armées de S. M. T. C.
» qui pourront fe trouver dans la Pla-
» ce , foit qu'ils y aïent repris fervice
» dans le militaire , foit qu'ils y aïent
» embraffe quelqu'autre état ou pro-
» feffion.

Refufé.

» VII. Les domeftiques, chevaux ,
» bagages & effets de S. A. R. le Duc de
» Cumberland, pourront fe retirer où
» bon leur femblera , fans pouvoir être
» arrêtés ni vifités , fous quelque pré-
» texte que ce puiffe être , & on leur
» fournira les efcortes, paffe-ports, voi-
» tures ou chevaux néceffaires.

Accordé , en confidération de S. A. R.
M. le Duc de Cumberland.

» VIII. Son Excellence le Comte de
» Kaunitz - Rittberg , pourra fembla-
» blement fe retirer , pour fe rendre
» dans tel lieu qu'elle trouvera conve-
» nir , avec tous fes Officiers, domef-
» tiques , équipages , papiers , & au-
» tres effets. Elle pourra fe faire fuivre
» par ceux des Miniftres de la Secrétai-
» rerie

» rerie d'Etat & de Guerre, & Membres
» des Conseils Collatéraux , & de la
» Chambre des Comptes, qu'elle juge-
» ra à propos de nommer à cette fin ; &
» il sera également libre à tous & un
» chacun d'iceux d'emmener avec eux
» leurs familles, domestiques, équipa-
» ges, éfets, aussi- bien que leurs papiers
» propres ou concernant leurs emplois.

Acordé , pour M. le Comte de Kaunitz & ceux qui le suivront , à l'exception des Officiers qui ont été chargés de la recette des deniers publics , lesquels feront obligés de rester le tems nécessaire pour rendre compte de leur administration.

» IX. Tous les équipages, papiers, &
» autres éfets apartenants à S. A. R. le
» Prince Charles de Lorraine, Gou-
» verneur-Général des Païs-Bas , res-
» teront dans les endroits où ils se
» trouvent aujourd'hui , sous la garde
» de ceux de ses Officiers & domesti-
» ques , qui sont préposez à cette fin ;
» & on pourra les en retirer & les fai-
» re conduire dans tel lieu que Sadite
» Altesse trouvera bon d'ordonner ,
» lorsqu'on aura fait les arrangemens
» nécessaires pour cet éfet.

Accordé ,

*Accordé, par considération pour S. A.
M. le Prince Charles.*

» X. Il sera libre à tous les Officiers
» & domestiques de Sadite Altesse Ro-
» ïale, & à toutes les autres personnes
» de sa suite, de rester dans la Place,
» ou d'en sortir, avec leurs familles,
» équipages & éfets.

Accordé pour trois mois.

» XI. L'on fournira les Passe-ports &
» les voitures nécessaires pour le trans-
» port des équipages & éfets aparte-
» nants à S. A. R. le Prince Charles de
» Lorraine, à ses Officiers, Domesti-
» ques, & autres personnes de sa sui-
» te ; à S. E. le Comte de Kaunitz-Ritt-
» berg : & à tous ceux dont il est par-
» lé dans l'Article VIII. on leur accor-
» dera des escortes convenables, s'ils
» en demandent, & on ne leur fera au-
» cune peine ni tort, soit par les arrêts
» ou visites de leurs équipages & éfets,
» ou autrement.

*Accordé, aux frais du Païs, jusqu'à
Anvers.*

» XII. Tous les autres Ministres, &
» Membres des Conseils Collatéraux
» & de la Chambre des Comptes, les
　　　　　　　　　　　　　　　」 Com-

» Compagnies des Archers & des Hal-
» lebardiers, avec leurs Officiers, les
» Adjudans de Cour; & tous ceux, ſans
» exception, qui ſont actuellement
» dans la ville de Bruxelles, & qui ne
» ſont pas de condition militaire, ſoit
» qu'ils aïent, ou qu'ils n'aïent pas des
» emplois, de juſtice, police, finances,
» ou autres, pourront y reſter, ou s'en
» retirer, auſſi avec leurs familles, do-
» meſtiques, équipages, & leurs autres
» éfets, & ils auront un terme de qua-
» tre mois pour ſe déterminer ſur le
» parti qu'ils voudront prendre à cet
» égard.

Accordé.

» XIII. Tous ceux qui ſe retireront
» de la ville de Bruxelles, continue-
» ront de joüir librement de leurs biens
» immeubles, qu'ils poſſédent dans la
» même Ville, ou dans les autres lieux,
» qui ſont ou pourroient être occupés
» par les armes de la France. Ils pour-
» ront y laiſſer leurs familles, domeſ-
» tiques, équipages, & autres éfets,
» ſoit en tout ou en partie, pour au-
» tant de tems que leur commerce le
» demandera, & il ſera toujours li-
„ bre

» bre de les en retirer, sans qu'on
» puisse y aporter aucun empêche-
» ment, sous prétexte d'arrêts, de
» confiscation, de réprésailles, ou au-
» trement.

Accordé, tant que la confiscation n'aura
pas lieu; & dans le cas qu'elle seroit établie,
on les avertira.

» XIV. Tous les Bâtimens & Mai-
» sons Roïales, qui sont dans la Ville
» ou dehors, avec leurs apartenances
» & dépendances respectives, seront
» conservées dans l'état où ils sont pre-
» sentement, sans pouvoir être dété-
» riorés ou dégradés en telle maniére
» que ce soit; tous les meubles, pein-
» tures, & statuës, qui s'y trouvent;
» le Magazin des Antiquités à Bruxel-
» les, qui s'y trouvent, qu'on apelle
» communément le *Gardenest*; les ar-
» bres de l'Orangerie du Palais-Roïal,
» les Archives, & la Bibliotéque de S.
» M. & tous les autres éfets, sans ex-
» ception, qui lui appartiennent, se-
» ront pareillement conservés en leur
» entier, sans qu'on puisse en rien
» soustraire ou transporter ailleurs,
» & le tout demeurera à la garde des

Tome III. G » per-

» perſonnes qui y ſont prépoſées.

Accordé, à l'exception des éfets militaires, s'il s'en trouvoit.

» XV. La ville de Bruxelles ſera
» maintenuë & conſervée dans la jouiſ-
» ſance & perception de tous ſes biens,
» droits, actions, engagéres, reve-
» nus, impôts, prééminences, coutu-
» mes, libertés, & priviléges dont elle
» jouit preſentement.

Le Roi s'en fera rendre compte.

» XVI. On lui laiſſera l'artillerie,
» avec les atirails & munitions de guer-
» re, qui lui appartiennent en propre.

Accordé.

» XVII. Les cloches, & tous autres
» métaux, reſteront à ceux à qui ils
» apartiennent, ſans en devoir païer
» aucune rédemption ou rétribution.

*Le Roi n'entend point qu'il ſoit préjudi-
cié aux Droits du Grand-Maître de ſon
Artillerie.*

» XVIII. Le Conſeil de Brabant, la
» Cour Féodale, le Magiſtrat de Bru-
» xelles, avec tous les Officiers qui
» en dépendent, & tous les autres
» Corps & Col éges, ou Officiers par-
» ticuliers de Juſtice, ou de Police,
» ſe-

» feront maintenus dans leur Jurisdic-
» tion, Droits & Fonctions qu'ils ont
» presentement, & ils administreront
» la Justice sur le pié usité & prati-
» qué de tout tems.

*Le Roi n'entend pas qu'il soit rien in-
nové au cours de la Justice, dans tous les
Tribunaux.*

» XIX. Tous les Membres & Su-
» pôts dudit Conseil de Brabant, de
» la Cour Féodale, du Magistrat de
» Bruxelles, & tous autres, qui ont
» quelques Offices de Justice ou de
» Police, & qui ne prendront pas le
» parti de se retirer, les conserveront
» sur le pié & aux titres auxquels ils
» ont été pourvus, avec les honneurs,
» droits, gages, & émolumens qui y
» sont actuellement attachés.

Le Roi s'en fera rendre compte.

» XX. L'on se conformera à ce qui
» s'est pratiqué jusqu'à present, pour
» le logement de la Cour & des per-
» sonnes de sa suite, & pour celui de
» la garnison qu'il y aura dans la vil-
» le de Bruxelles.

*Accordé, autant que cela pourra se con-
cilier avec le service de l'armée.*

<table>
<tr><td>G 2</td><td>» XXI.</td></tr>
</table>

» XXI. Les Hôtels & Maisons des
» Miniſtres Etrangers & des Seigneurs,
» au ſervice de S. M. I. la Reine ; ſe-
» ront exemts de tout logement. Il
» ne ſera point touché à leurs meu-
» bles ou éſets ; & leurs gens d'affai-
» res pourront librement demeurer
» dans cette ville & y vâquer à leurs
» intérêts comme auparavant.

Accordé, comme l'Article précédent.

» XXII. Tous les Prélats, Abbaïes,
» Monaſtéres & Chapitres, & tout le
» Clergé, Séculier & Régulier ; tous
» les Hôpitaux, Maiſons - Dieu, &
» autres Fondations pieuſes ; tous les
» Corps de Métiers, Colléges & Com-
» munautés ; tous les Nobles, Bour-
» geois, & autres Habitans de la vil-
» le de Bruxelles, & des autres lieux
» de Brabant, qui ſont ou pourroient
» être occupés par les armes de la Fran-
» ce, ſeront maintenus dans la jouïſ-
» ſance de leurs Priviléges & anciens
» Uſages, & dans celle de leurs biens,
» droits & actions, ſans qu'il puiſſe
» leur être fait aucun tort, ou préju-
» dice au contraire ; & à tous ceux
» qui ſont abſens de ladite ville de
» Bruxel-

» Bruxelles, & des autres lieux, ac-
» tuellement occupés par les armes
» de la France, pourront y retourner
» en toute sûreté.

Le Roi s'en fera rendre compte.

» XXIII. On ne pourra toucher, en
» tel tems que ce soit, aux deniers &
» éfets qui sont déposés, ou nantis,
» soit pour des Procès, ou autrement,
» au Conseil de Brabant, à la Treso-
» rerie de la ville de Bruxelles, ou
» ailleurs, non plus qu'à ceux du
» Mont-de-Piété, des Hôpitaux, Mai-
» sons-Dieu, ou autres Fondations
» pieuses, & ils seront laissés ou dé-
» livrés en leur tems à ceux à qui ils
» apartiennent.

L'intention du Roi n'est point qu'il soit
rien fait contre le bien & le cours de la
Justice.

» XXIV. L'on ne pourra impofer
» aucune charge dans la ville de Bru-
» xelles, non plus que dans les autres
» lieux du Brabant, qui sont ou pour-
» roient être occupés par les armes
» de la France, ni y faire aucune le-
» vée, de telle nature qu'elle soit, sans
» le confentement préalable des Etats

G 3

» de

» de Brabant, sur le pié & de la ma-
» niére qui a été suivie & observée
» de tout tems.

Le Roi s'en fera rendre compte.

» XXV. Les Etats de Brabant se-
» ront maintenus dans leur ancien
» droit & profession de faire recevoir
» par leurs Receveurs, Collecteurs &
» Emploïés, les Aides, Subsides, Im-
» pôts, & autres Charges qui auront
» été accordées & consenties en dûë
» forme, sur le pié de l'Article précé-
» dent ; & ceux qui les recevront n'en
» rendront compte qu'aux Députés
» desdits Etats de Brabant, ainsi qu'il
» s'est toujours pratiqué.

Idem.

» XXVI. Tous les Traités & En-
» gagemens avenus , entre Sa Maje-
» sté, ou le Gouvernement d'une part ;
» les Etats de Brabant, la ville de Bru-
» xelles, le Métier des Brasseurs , &
» autres Corps , ou personnes parti-
» culiéres d'autre part, seront main-
» tenuës dans leur force & vigueur ,
» & sortiront leur plein & entier éfet,
» sans aucuue difficulté ; & il en fera
» de même pour tous ceux que les-
                              » dits

» dits Etats de Brabant, la ville de
» Bruxelles, le Métier des Brasseurs,
» ou d'autres Corps, ont fait avec des
» particuliers.

Idem.

» XXII. Il ne sera fait aucun tort
» ou dommage aux particuliers, qui
» ont entrepris la livraison des vivres
» & fourages pour les troupes de S.
» M. non plus qu'à leurs Sous-trai-
» tans; & il leur sera permis de dif-
» poser librement de leurs Magazins,
» de les vendre à qui ils le trouveront
» convenir, ou de les faire voiturer
» en tel endroit qu'ils jugeront à pro-
» pos, en dedans le terme de trois
» mois, qui leur sera accordé à cet
» éfet.

Refusé.

„ Au Quartier-Général de Lacken,
„ le 20. Février 1746. M. DE SAXE;
„ LE COMTE V. A. DE KAUNITZ-
„ RITTBERG.

*Capitulation & conditions pour la garnison
Hollandoise qui se trouve à Bruxelles,
ce 20. Février 1746.*

„ I. Il sera accordé quatre jours, à
„ comp-

» compter de celui auquel la Capi-
» tulation fera fignée , pour donner
» avis à Meſſieurs les Généraux, Com-
» mandans l'armée des Hauts - Alliés
» aux Païs-Bas, de l'état où ſe trouve
» la ville de Bruxelles , & atendre le
» ſecours qu'on a lieu d'eſpérer. En
» atendant, il y aura une Suſpenſion
» d'Armes , & de tous actes d'hoſtili-
» té ; & il ne ſera pas permis de faire
» ni avancer, ni d'un côté ni d'un au-
» tre , ni batterie ni tranchée , ni au-
» cune autre ſorte d'ouvrage. Si le ſe-
» cours arrive, du moment que l'on
» en ſera informé, la Suſpenſion d'Ar-
» mes ceſſera , & l'on ne ſera tenu,
» de part & d'autre, à aucun de ces
» Articles de la preſente Capitula-
» tion : mais s'il n'arrive pas pendant
» ces quatre jours , l'on remettra la
» Place à Son Excellence M. le Ma-
» réchal Comte de Saxe, Comman-
» dant en chef l'armée de Sa Majeſté
» Très-Chrétienne, le ſur-lendemain
» deſdits quatre jours.

Refuſé.

„ II. La garniſon Hollandoiſe, &
» tous ceux qui en dépendent, com-

„ me

» me auſſi Ingénieurs, Officiers d'Ar-
» tillerie, & autres Emploïés au ſer-
» vice, pourront ſortir avec tous les
» honneurs militaires, tambour bat-
» tant & drapeaux déploïes, & même
» par la brêche, ſi le Commandant de
» la garniſon le ſouhaite, & chaque
» Soldat aura 24. coups à tirer.

Refuſé. La garniſon ſera priſonniére de guerre, Officiers & Soldats. On ne touchera pas aux armes des Officiers. Et comme la perte des armes tombe uniquement ſur les Capitaines ; je veux les faire mettre en Magazin, & elles leur ſeront renduës à l'échange.

» III. La garniſon, & ſa dépen-
» dance, ſera conduite par une eſcorte
» convenable, juſqu'à Anvers, par le
» plus court chemin.

Refuſé. La garniſon ſortira par la Porte de Flandres, & ſera conduite dans les lieux les moins éloignés que faire ſe pourra.

» IV. La garniſon pourra mener
» ſix piéces de canons & quatre mor-
» tiers, du plus gros calibre, avec les
» munitions proportionnées ; comme
» auſſi les affuts & atirails néceſſaires,
» de même que les chevaux de traits
　　　　　　　　　　　　　　　　» &

» & chariots pour le tranſport ; com-
» me auſſi 12. chariots couverts, qui
» ne pourront être viſités , ſous quel-
» que prétexte que ce ſoit.

Refuſé.

» V. Il ſera auſſi accordé à tout l'E-
» tat-Major des troupes de LL. HH.
» PP. le nombre néceſſaire de bâteaux
» ou chariots ſuffiſans , aux frais du
» Païs , pour le tranſport de leurs meu-
» bles & éfets , tels qu'ils puiſſent être,
» ſoit par eau ou par terre , comme
» ils jugeront convenable, juſqu'à An-
» vers , dans le tems de ſix ſemaines,
» ou plûtôt, s'il ſe peut ; ſinon , il leur
» ſera permis de laiſſer leurs meubles
» & éfets en Ville , chez l'un ou l'au-
» tre des habitans , en garde ; ſans
» qu'ils puiſſent être arrêtés dans la
» ſuite, ſous quelque prétexte que ce
» ſoit.

Les voitures d'eau & de terre ſeront
fournies aux frais du Païs , pour tranſ-
porter les éfets des troupes juſqu'à Anvers,
Breda & Maëſtricht.

» VI. L'on fournira auſſi à la gar-
» niſon , aux frais du Païs , les voitu-
» res néceſſaires pour mener avec elle
» leurs

» leurs éfets, meubles & équipages,
» commençant du Général, jufqu'au
» moindre Officier.

Idem.

» VII. Il fera auffi accordé à M.
» Traveft, Secrétaire de Légation de
» LL. HH. PP. de refter en toute fû-
» reté, avec tout l'équipage, meubles
» & éfets apartenans à M. de Kinfchot,
» Miniftre-Réfident de la République
» des Provinces-Unies, à la Cour de
» Bruxelles ; comme auffi ceux dudit
» Secrétaire, Domeftiques, & autres
» Emploïés, attachés à la perfonne
» dudit Réfident, jufqu'à ce qu'il ait
» reçû les ordres ultérieurs de LL.
» HH. PP.

Accordé.

» VIII. Qu'il foit permis à tous les
» Bâteliers Hollandois, qui fe trou-
» vent ici avec leurs bâteaux, de pou-
» voir retourner chez eux fans être
» arrêtés, fous quelque prétexte que
» ce foit ; comme auffi tous les autres
» fujets de la République qui fe pour-
» ront trouver ici ; le tout conforme
» à l'Articie V.

Accordé.

» IX.

» IX. Que tous les Officiers Entre-
» preneurs, Emploïés, & Sujets de la
» garnison, qui ont des biens, habita-
» tions & éfets dans cette ville, & au-
» tres soûmises presentement à Sa Ma-
» jesté Très-Chrétienne, ne pourront
» être inquiétés dans leurs personnes,
» ni dans leurs biens, & continuëront
» d'en joüir comme ci-devant.

*Ils seront maintenus dans leurs biens,
habitations & éfets, excepté dans ceux qui
apartiennent ou sont destinés aux armées.*

» X. Les malades ou blessés de la gar-
» nison, tant Officiers que Soldats,
» pourront rester dans la Place jusqu'à
» leur guérison ; mais à leurs propres
» frais ; & après leur guérison, qu'il
» leur soit accordé les Passeports néces-
» saires, & qu'ils puissent joüir de la
» même condition que la garnison, y
» compris les Desservants de l'Hôpi-
» tal militaire de l'Etat, avec les foura-
» ges & meubles appartenants.

*Accordé ; & ils suivront le sort de la gar-
nison. Il sera au surplus permis aux Commandans des Corps de laisser un Officier par
bataillon, & des Chirurgiens & autres
personnes pour les soigner.*

» XI.

» XI. Que tous les priſonniers faits
» pendant l'inveſtiture & ſiége de la
» Place, dans quelque occaſion ou poſ-
» tes que ce puiſſe être, jouiront de
» la Capitulation, & ſeront mis en li-
» berté pour joindre leur Régiment,
» ſi poſſible eſt, avant la ſortie de la
» garniſon, ou du moins en route.

Ils ſuivront le ſort de la garniſon.

» XII. Il ſera permis d'envoïer un
» Officier dans les Villes de Sa Majeſté
» Très-Chrétienne, où il pourroit y
» avoir des bleſſés de la garniſon, pour
» les ſoïgner.

Accordé.

» XIII. On donnera une eſcorte à la
» garniſon, qui ſortira par la Porte de
» Haecke, pour la conduire par le plus
» court chemin à Anvers, avec l'artil-
» lerie, munitions, & bagages, requi-
» ſes ci-deſſus.

Refuſe.

» XIV. Après la Capitulation, ſignée
» de part & d'autre, on conſignera les
» dehors de la Porte de l'attaque, aux
» troupes de S. M. T. C. & on laiſſera
» entrer des Commiſſaires à qui l'on
» conſignera de bonne foi les Magazins

» & Arſenaux, de même que tout ce
» qui peut apartenir à la Place, & on
» ne laiſſera entrer perſonne d'autre,
» juſqu'à ce que la garniſon ſoit ſortie
» hors de la Ville.

La Porte de Flandres ſera livrée demain vingt-un à midi; on enverra des Commiſſaires à qui les Magazins & Arſenaux ſeront remis de bonne foi, & on ne laiſſera entrer perſonne, juſqu'à ce que la garniſon ſoit ſortie hors de la Ville, excepté les détachemens de cavalerie à pié, qu'on y enverra pour recevoir les chevaux des Cavaliers & Dragons, & les Officiers garderont les leurs.

» XV. La garniſon en ſortira quatre
» jours après la Capitulation, ſignée
» de part & d'autre.

La garniſon ſortira trois jours après; c'eſt-à-dire, le 24. au matin.

» XVI. La garniſon pourra auſſi
» prendre des vivres avec elle pour ſa
» route.

La garniſon pourra prendre le pain pour quatre jours. Les Officiers-Généraux, & les Etats-Majors, ſeront relâchés ſur leur parole, dès qu'ils le ſouhaiteront, & on leur donnera des Paſſe-ports à cet éfet.

Accepté les Articles ci-deſſus. *Signés,*

gnés, P. Vaudre Duyn, & M. de Saxe.

On trouva dans la Place toute l'artillerie de campagne des Hollandois, un nombre prodigieux de canons & de mortiers de tous calibres ; des provisions de bouche pour toute l'armée pour quatre mois ; toutes les munitions nécessaires, & un butin immense.

Le Maréchal de Saxe exigea de la Ville une contribution de deux millions, qui fut aussi-tôt distribués au soldat. La perte des François, pendant tout le siége, ne s'est montée qu'à environ 800. hommes morts de maladie, ou par le feu de la Place, & dans ce nombre s'est trouvé le Chevalier d'Aubeterre, Colonel du régiment Roïal-Vaisseaux, mort des blessures qu'il reçut à la tranchée du dix-sept.

M. le Chevalier d'Espagnac observe avec raison, que l'Histoire cite peu d'exemples d'un Projet plus sçavant & mieux exécuté que celui de cette expédition. Un Militaire un peu instruit y trouve tout ce qui caractérise le grand Général : la pénétration & l'activité à profiter de la faute qu'a fait un Enne-

H 2

mi

mi de prendre un quartier-d'hyver en l'air, & fans protection ; un fecret d'au-tant mieux ménagé , que le mouve-ment même des troupes ne le décelle pas ; une combinaifon admirable dans les manœuvres de guerre ; une pré-voïance concertée qui prévient tous les befoins ; une fermeté fupérieure à tous les obftacles qui furviennent ; une hardieffe prefqu'incroïable , mais ju-dicieufe pour l'entreprife ; un ména-gement fingulier des hommes , qui trouvent dans l'aifance qu'on leur pro-cure , un préfervatif contre les rigueurs de l'hyver & du mauvais tems : enfin , ce qui ne paroît pas vraifemblable , 28000. hommes d'infanterie , qui par la fageffe de celui qui les méne , en oblige 12000. à fe rendre prifonniers de guerre.

Le Maréchal de Saxe aïant donné les ordres néceffaires après la prife de Bruxelles , fe rendit à la Cour , pour concerter la fuite des opérations de la campagne de 1746.

La Paix de Drefde avoit dérangé le fiflême de la France & de fes Al-liés. Ce fut un coup auquel on devoit

d'aud'autant moins s'atendre , qu'après la victoire fignalée que le Roi de Pruffe avoit remportée fur les Saxons & les Autrichiens près de Drefde , ce Monarque ne pouvoit efpérer que de plus grands avantages, que ceux qu'il s'étoit procuré par cette Paix. Il eft vrai que la marche des Mofcovites , qui étoient déja dans la Courlande , & qui menaçoient d'envahir fes Etats , ont pû déterminer ce Prince.

La France qui n'avoit pas les mêmes raifons , & qui n'avoit entrepris la guerre que pour empêcher , qu'au mépris des Loix de l'Empire d'Allemagne , on ne rendit une feconde fois héréditaire la Couronne Impériale dans la Maifon d'Autriche , & qu'on ne détruifit les Libertés Germaniques , fuivit conftamment fon Projet. Cette Couronne ne s'en étoit pas départie après la premiére Paix du Roi de Pruffe en 1742. lors même que les troupes Françoifes étoient les plus affoiblies & les plus refferrées en Bohême ; & il n'étoit pas vraifemblable qu'elle s'en défiftât, dans le tems que fes armées, & celle de fes Alliés, avoient

H 3

les

les plus heureux succès en Flandres
& en Italie , & tandis que les troupes d'Ecosse & la prise d'Ostende dé-
concertoient tous les Projets des Ennemis.

· 'Sa Majesté Prussienne écrivit à ses
Ministres dans les Cours de l'Europe,
pour leur donner avis de la Paix de
Dresde. Tout ce qui part de ce Monarque semble porter un caractére de
grandeur si particuliére , que je crois
mériter en le raportant.

*Lettre du Roi de Prusse à ses Ministres,
    sur la Paix de Dresde , en Février
    1746.*

» L'ouvrage de la Pacification avec
» la Cour de Vienne, étant parvenuë
» actuellement à sa maturité, par l'é-
» change des Ratifications du Traité
» de Paix, conclu à Dresde le 25. Dé-
» cembre dernier , en vertu duquel
» j'ai accédé, par ma Voix Electorale,
» à l'Election du Sérénissime Grand-
» Duc de Toscane , & le reconnois
» en qualité d'Empereur ; mon inten-
» tion est que vous vous y conformiés
                              » de

» de même, & que dans les Ecrits qui
» paroissent de votre part, vous don-
» niés, tant à Sa Majesté l'Empereur,
» qu'à l'Impératrice Reine de Hon-
» grie & de Bohême, les Titres & les
» qualités qui leur sont dûs. Vous ne
» manquerez pas non plus de faire
» connoître au Public, par votre con-
» duite, les éfets du parfait rétablis-
» fement de la bonne intelligence en-
» tre L. M. Impériale & moi, ce que
» vous observerés par votre bonne
» atention à vivre en bonne harmo-
» nie, & même en confidente amitié
» avec leurs Ministres, auxquels vous
» aurés soin de témoigner, non-feule-
» ment toutes fortes de politesses; mais
» aussi vous leur prêterés toute l'af-
» sistance qui dépendra de vous, dans
» toutes les occasions où vous pourrés
» contribuer à la satisfaction de L. M.
» Impériale, & concourir à l'avance-
» ment de nos intérêts communs. En
» un mot, vous en agirez à leur égard,
» comme avec les Ministres d'une
» Puissance entiérement réconciliée,
» & vivant dans une bonne & parfai-
» te intelligence avec moi, dequoi

vous

» vous ne manquerez pas d'informer
» les Miniſtres de la Cour de Vienne,
» qui ſe trouvent là où vous êtes, en
» leur témoignant que je ne doutois
» point qu'ils ne reçuſſent les mêmes
» ordres de leur Cour , &c. *Signé*,
» F R E D E R I C.

Il n'étoit pas de la grandeur du Roi de Pruſſe d'entrer dans les raiſons qui l'avoient déterminé à la Paix , & ſur les certitudes des garanties de la Siléſie & du Comté de Glatz.

Ce Prince, infiniment éclairé, comptoit moins ſur les garanties dont le Traité de Dreſde étoit revêtu ; que ſur l'épuiſement actuel de la Maiſon d'Autriche.

Ce n'étoit pas-là d'ailleurs le ſeul fruit que ce Monarque recueilloit de la Paix de Dreſde , s'il mettoit bas les armes ; ce n'étoit qu'après avoir eu la gloire d'humilier ſes Ennemis , & qu'après avoir remporté des Païs , qui avoient été le théâtre de ſes victoires, plus d'or & plus d'argent que la guerre ne lui en avoit coûté. Un autre avantage , non moins conſidérable pour ce Prince , c'eſt que dans la ſupoſition

que

que les Cours de Dresde & de Berlin
vinssent à se brouiller, & que la Rus-
sie armât en faveur de l'Electeur de
Saxe, la Reine de Hongrie seroit obligée, en vertu du Traité de Dresde,
d'unir ses forces à celles de Sa Majesté Prussienne. Et, ce qu'il étoit à propos de remarquer, c'est que ce Prince n'étoit obligé, en vertu du même
Traité, de prêter du secours à la Reine de Hongrie, que lorsqu'elle seroit
attaquée dans les Païs qu'elle possé-
doit en Allemagne ; distinction qui
laissoit à la France & à l'Espagne, la facilité de continuer la guerre en Flandres & en Lombardie.

La Reine de Hongrie pressoit plus
que jamais les Etats de l'Empire de
déclarer la guerre à la France. Il y
avoit long-tems que cette Princesse
les y préparoit par gradations ; c'est
pourquoi la Reine les fit d'abord assurer de ses sentimens Patriotiques, &
du desir qu'elle avoit de les voir jouir
d'une Paix solide & constante ; puis elle leur fit entendre que la sûreté publique exigeoit qu'ils fixassent au triple les
troupes qu'ils avoient à mettre sur pié :
que

que cette armée de la Patrie, formée des contingens triples, fût renduë mobile ; que l'on formât une Caiſſe d'opérations, afin de lui faire trouver ſur la Frontiére tout ce qui ſeroit néceſſaire, ſans expoſer un Etat à être plus chargé qu'un autre ; & enfin, que pour obvier à toutes les difficultés qui pourroient ſurvenir, par raport au Commandement, on établit pour principe, que ce que la raiſon de guerre promettoit & autoriſoit, quand on avoit une fois pris les armes, n'étoit pas moins licite & raiſonnable, quand il s'agiſſoit d'éviter de les prendre, & que par conſéquent on devoit obſerver, à l'égard du Commandement, tout ce qu'on avoit accoutumé de faire en tems de guerre.

Il étoit facile de s'apercevoir que ce dernier Decret de Commiſſion tendoit à exciter l'Empire à mettre une armée ſur pié, & en même-tems à faire agir cette armée contre la France, & en à abandonner le Commandement & la diſpoſition au gré de la Cour de Vienne.

La Cour de France, toujours portée

tée à la Paix, & bien éloignée de l'efprit de la Cour de Vienne, fit remettre la Déclaration fuivante aux Cercles antérieurs:

» Le fouffigné Miniftre de S. M. T. C.
» auprès de la Diéte générale de l'Em-
» pire, & accrédité auprès de l'Affem-
» blée Directoriale des Loüables Cer-
» cles antérieurs, a ordre de leur re-
» prefenter, que Sa Majefté qui n'a
» rien de plus à cœur que le main-
» tien de la Paix, qui fubfifte entre fa
» Couronne & l'Empire, eft dans la
» ferme intention d'obferver envers
» les LoüablesCercles une exacte Neu-
» tralité, qui les mette à couvert des
» incommodités & calamités de la
» guerre; dans la confiance, que de
» leur côté, ils s'abftiendront de tout
» concours avec fes Ennemis, & de
» toute affociation directement con-
» traire aux intérêts de Sa Majefté; &
» aïant pour objet d'inquiéter fes Fron-
» tiéres, principalement pendant que
» les armées d'Autriche & d'Hanovre
» ont leurs quartiers fur le territoire
» des Cercles.

» Sa Majefté fe promet donc, de leur
„ fagef-

» fageffe, qu'ils éloigneront avec foin
» tous les incidens qui pourroient ren-
» dre la Neutralité illufoire ou momen-
» tanée, & que par leur vigilance à l'é-
» tablir fur des principes & des arran-
» gemens équitables, ils fe mettront
» en état de pouvoir accélérer le grand
» ouvrage de la Pacification générale,
» à quoi Sa Majefté fera toujours auffi
» difpofée à contribuer, qu'à donner
» au Corps Germanique, & aux Loua-
» bles Cercles, en particulier, de
» nouveaux témoignages de l'intérêt
» véritable qu'elle prend à leur tran-
» quilité & à leur bonheur. A Franck-
» fort le 10. Janvier 1746. *Signé*,
» MALBRAN DE LA NOUE.

Quelle opofition entre les langages
des Cours de Vienne & de Verfailles.
A Vienne, l'on vouloit que l'Empire
mit une armée fur pié ; qu'il rendit cette armée mobile; qu'il formât une Caiffe d'opérations militaires. En un mot,
qu'il prit les mefures qui précédent
d'ordinaire une guerre férieufe, moïennant quoi la Reine de Hongrie pro-
fitant de la diverfion que les mouvemens d'une armée Impériale caufe-

roient

roient aux François, porteroit toutes
ſes forces en Flandres & en Italie, pour
recouvrer ſes Etats, tandis que l'Empire ſe verroit expoſé à perdre une partie des ſiens.

Le langage de Verſailles tendoit à
des fins bien plus ſalutaires pour l'Empire ; S. M. T. C. faiſoit aſſurer les Etats
de l'intérêt qu'elle prenoit à leur bonheur & à leur tranquilité ; elle promettoit d'obſerver à leur égard une Neutralité parfaite, ne demandant qu'une
réciprocité de ſentimens, & une conduite qui ôtoit juſqu'au moindre ſujet
de ſuſpicion, à quoi il étoit fort aiſé
aux Etats de ſatisfaire, puiſqu'il leur
ſuffiſoit de demeurer tranquilles ; &
que s'il leur reſtoit la moindre crainte,
il dépendoit d'eux de cimenter cette
Neutralité, par des Traités égaux à ceux
dont les Etats-Généraux étoient convenus en 1732. La ſincérité avec laquelle la France s'expliquoit, pouvoit
être douteuſe, ſur-tout depuis que l'on
l'avoit vû abandonner volontairement
les bords du Rhin & du Neckre, pendant qu'il eût dépendu d'elle de ſuſpen-
dre ſes opérations en Flandres pour ve-

nir avec des armées formidables, faire la loi à l'Empire & se venger même de ceux des Princes dont elle avoit quelque sujet de mécontentement; mais cette Couronne garante du Traité de Westphalie, par conséquent de la Liberté Germanique, a toujours trop estimé ce glorieux titre, pour contrevenir en façon quelconque aux engagemens qui y sont atachés.

Avant d'entrer plus avant dans les opérations des Campagnes de 1746. en Flandres & en Italie, il est à propos de reprendre les affaires de l'Ecosse.

L'on a vû plus haut les progrès rapides du Prétendant. Depuis sa Descente, tout lui paroissoit favorable, jusqu'à l'arrivée du Duc de Cumberland. Perth, ville capitale d'une Province de l'Ecosse Septentrionale, se soumit au Prince Edouard, qui y fit son entrée, avec toute la magnificence qui éclatoit autrefois dans le Sacre de ses Ancêtres. Il y fit proclamer Roi le Prince son Pere. Cent cinquante hommes de cavalerie, tirés de l'armée accompagnoient le Prince, qui trouva la Bourgeoisie sous les armes; tous les Gentilshommes

mes des environs à six lieuës à la ron-
de, augmentoient son cortége. Tout
le Peuple de la Ville, & des lieux cir-
convoisins, bordoient les ruës & faisoient retentir l'air de cris de joïe &
d'acclamations. La Proclamation se fit
sur les trois heures après-midi. Jâques
III. fut proclamé publiquement Roi
d'Ecosse & d'Irlande. La Bourgeoisie
fit plusieurs décharges de mousquéte-
rie ; & l'armée en fit autant dans son
camp.

Quelque-tems après cette expédition, le Prince Edouard se rendit dans
les environs de Sterling, ville de l'E-
cosse Méridionale, dans la Province du
même nom. Il y fit conduire sur des ra-
deaux l'artillerie qu'il avoit à Perth. La
ville prit le parti de la soumission. Il
forma ensuite le siége du Château, &
les Ennemis firent diverses tentatives
pour empêcher que ce Prince ne fût
joint par son artillerie, qui étoit de
l'autre côté de la riviére de Forth. Tous
leurs éforts furent inutiles, & ils ré-
solurent de tenter le sort d'une bataille.

Le Prince aprit que le Général Hawley étoit parti d'Edimbourg avec 8.
I 2   à 9000.

à 9000. hommes, & qu'il arriveroit le foir même à Falkirk : fur le champ, le Confeil de Guerre aïant été affemblé, de l'avis du Lord Drummond, l'ordre fut donné au Commandant des Montagnards, de faire marcher ce corps pour joindre le Lord Kilmarnock. L'on fit enfuite des détachemens de tous les corps qui étoient occupés au fiége, ce qui pouvoit faire un corps de 6000. hommes, pour aller attaquer l'Ennemi. On partit par un tems déteftable, & l'armée du Prince arriva fur les quatre heures du foir à une portée de carabine de Falkirk, ville de l'Ecoffe Méridionale, dans la Province de Sterling. Le Général Hawley, qui avoit été averti de la marche, monta auffi-tôt à cheval & rangea fon armée en bataille. Il ne fut pas poffible de changer fa fituation, qui n'étoit pas avantageufe à fa cavalerie. L'intrépidité dés Montagnards ne lui en donna pas le tems. La difpofition de l'armée du Prince Edouard aïant été faite avec autant de promptitude que de zèle, le Prince qui étoit au centre, tira le premier l'épée & dit af-

fés

ſés haut, pour être entendu d'une grande partie de l'armée : *Mes Amis , voici
vos Ennemis & les miens. Je compte ſur
votre valeur & ſur la juſtice de ma cauſe. Vengez vos Loix violées , & vos Rois
oprimés. Je vous accompagnerai par tout.*
Après cette courte harangue , l'aîle
droite attaqua l'aîle gauche des Ennemis , avec tant de valeur , la baïonnette au bout du fuſil , qu'elle fut en-
foncée en moins de 25. minutes , avec
une perte conſidérable de la part des
Ennemis. Comme le Prince n'avoit
point aſſés de cavalerie pour attaquer
celle des Anglois , les Montagnards y
ſupléérent en ſe chargeant de cette
expédition. Ils attaquérent en éfet cette cavalerie le ſabre à la main , ſe cou-
vrant de leur bouclier , avec tant de
hardieſſe & d'intrépidité , qu'en moins
d'une demi - heure ils la culbutérent
& la mirent totalement en déroute;
On croit que ſi le jour avoit duré une
heure de plus , toute cette armée Angloiſe Hannovrienne , auroit entiérement été détruite. Mais cependant ,
malgré la nuit & le tems épouventa-
ble qu'il faiſoit , les Montagnards s'o-

I 3　　piniâ-

piniâtrant à vouloir poursuivre leurs Ennemis, il fallut l'autorité du Prince pour les en empêcher, en leur promettant qu'à la premiére occasion, cette permission leur seroit accordée. Jamais action n'a été conduite avec plus de secret & de diligence, chacun se portant de bonne volonté avec toute la valeur imaginable. Le Prince Edouard s'exposa, malgré toutes les representations de l'armée, comme le plus brave soldat. Le Lord Drummond y fut blessé au bras & eut un cheval tué sous lui. La perte des Ennemis se montoit à plus de 2000. hommes; sçavoir, 8. à 900. de tués sur le champ de bataille, & environ 1200. prisonniers. On leur prit aussi 8. piéces de canon, 12. drapeaux & étendarts, beaucoup de chariots, de munitions de bouche, & autres, avec le carosse du Général Hawley.

Le Prince ne perdit point de tems; car aïant apris que Milord Loudon s'étoit retiré d'Invernesse à son aproche, après avoir mis une garnison de 300. hommes dans le Château, & qu'il avoit passé la riviére de Nesse & le Firth de Mur-

Murray, bras de mer, à la tête de 2000.
hommes, en bâteaux, envoïa le lendemain à sa pourſuite ; mais Milord Loudon aïant gardé tous les bâteaux de ſon
côté, le détachement du Prince fut
obligé de tourner le bras de mer, ce
qui donna au Lord Loudon le tẽms de
gagner le Firth de Cromarty, où ſai-
ſiſſant tous les bâteaux des environs, il
fit paſſer ſon monde, & garda toujours
les bâteaux de ſon côté, afin qu'on ne
pût le ſuivre ; deſorte que-les troupes
du Prince furent obligées de retourner
encore à Firth. Le Lord Loudon, toujours ſuivi de près, gagna un troiſiéme
bras de mer, nommé le Firth de Dor-
roch, qu'il paſſa, & fit la même manœuvre à l'égard des bâteaux. Ce
Firth s'avance dans les terres beaucoup
plus que les deux premiers, deſorte
qu'il auroit fallu 4. à 5. jours de marche
pour en faire le tour ; & ſi on l'eût entrepris, Milord Loudon n'auroit plus
manqué de repaſſer le Firth, ſans qu'on
pût l'en empêcher, puiſqu'il étoit maître de toutes les barques. On reſta trois
ſemaines dans cet état ; les uns du côté du Firth, les autres de l'autre, ſans
que

que les troupes du Prince puſſent joindre les Ennemis. Dans ces circonſtan-
ces , le Colonel Waron , l'un des Ai-
des-de-Camp du Prince , & ci-devant
Capitaine au Régiment de Rooth, Irlandois, au ſervice de Sa Majeſté Très-
Chrétienne , s'aviſa de l'unique expé-
dient qu'il avoit pour joindre les Ennemis , qui étoit de raſſembler des bâteaux , pour les envoïer dans le Firth
de Dornoch , afin que les troupes puſſent s'y embarquer. La plus grande difficulté conſiſtoit à trouver & raſſembler des barques. Il parvint à ſon but,
ſoit par careſſes , ſoit par exécution
militaire , & en fit conduire dans le
petit Port de Findorve juſqu'à 34.
qu'il ramaſſa de différens endroits de la
côte du Firth de Murray. L'entrepriſe
étoit très-difficile , atendu le nombre
de vaiſſeaux de guerre Anglois qui
croiſoient inceſſamment dans ces paſ-
ſages. Quelque ſecrettement que cela
ſe fit , les vaiſſeaux de guerre en eurent
vent , ſans cependant pénétrer à quel
deſſein ſe faiſoit cet aſſemblage de bâteaux. Le jour même que M. Waren
comptoit les faire partir pour le Firth
de

de Dornoch, trois vaiſſeaux de guerre vinrent mouiller à droit & à gauche du Port de Findorne, qu'ils bloquérent. Il fallût néamoins partir cette nuit, pour éviter que le projet ne s'éventât entiérement, ou que les vaiſſeaux Anglois n'entrepriſſent le lendemain de mettre le feu à ces barques. On partit donc à la ſourdine, au riſque d'être coulés bas. Un calme heureux qui ſurvint, favoriſa tellement leur voïage, qu'à la vuë même des Navires Anglois, ils arrivérent, à force de rames, en 4. heures de tems dans le Firth, à une petite anſe vis-à-vis de Dornoch, où étoit le Quartier-Général du Lord Loudon. En cet endroit, on embarqua d'abord 700. hommes, qui paſſérent heureuſement, à la faveur d'un brouillard épais, qui cacha leur paſſage & leur débarquement, juſqu'au retour des barques; & dans le ſecond trajet, ils firent paſſer le reſte des troupes, qui faiſoit en tout 1800. hommes, ſous les ordres du Duc de Perth, de Milord Cromarty & de M. Sullivan.

Depuis que Milord Loudon s'étoit retiré à Dornoch, il avoit été joint par

le

le Lord Sutherland & Milord Ray,
avec leurs vaisseaux armés, ce qui lui
faisoit un corps d'environ 2500. hommes. Il se croioit dans une parfaite sé-
curité, lorsqu'il fut surpris par la décou-
verte qu'il fit lui-même le premier, des
barques chargées d'hommes armés
qui venoient à lui. Il n'eut que le tems
d'assembler cinq vaisseaux & 600.
hommes, qu'il fit marcher sur la plage,
pour s'oposer au débarquement ; ce
que le Duc de Perth aïant aperçû, il
rangea ses bâteaux en ligne, pour faire débarquer son monde en bataille.
Dès qu'ils furent assis près de terre,
pour n'avoir plus que 3. ou 4. piés
d'eau, le Duc de Perth se jetta à la mer
le premier, & tout le monde suivit son
exemple. On marcha en fort bon ordre
dans la mer ; mais lorsqu'on alloit faire
la premiére décharge sur les Ennemis ;
ceux-ci, frapés de la fermeté & de la
contenance des troupes, lâchérent pié
de toutes parts, & se débandérent, sans
en venir aux mains.

La surprise fut si subite, que Milord
Loudon n'eut pas le tems d'assembler
les quartiers de son armée ; trois cens
hom-

hommes, qui faifoient la garnifon de Dornoch, députérent le Lord Mackintosh pour capituler. On les reçut prifonniers à difcrétion. On enleva enfuite tous les autres quartiers, dont un grand nombre demanda à fe ranger fous les étendarts du Prince.

La déroute de ce corps d'Ennemis produifit au Prince des avantages confidérables. Comme la jonction de 2000. hommes du Comté de Cathneff & des Orcades, n'avoit pû fe faire, pendant que Milord Loudon étoit entre deux; la défaite de ce Général & la prife de quatre Vaiffeaux de tranfport, qui étoient aux ordres de Milord Loudon, la favorifa.

Quoique les avantages du Prétendant paruffent décififs, l'efprit de rébellion ne s'étendit pas hors de l'Ecoffe. Il faut convenir qu'il s'eft trouvé peu d'Anglois, même dans les Comtés du Nord de l'Angleterre, qui s'y foient laiffés atirer.

La Cour prit cependant la fage & prudente précaution de faire publier une Proclamation pour mettre à exécution les Loix contre les Jéfuites &

les

les Prêtres Catholiques Romains. Elle
y statua expressément, que les Prêtres,
ou Ecclésiastiques étrangers, se trou-
vant au service des Ministres des Puissances étrangéres, seroient exceptés
de la Loi, aussi-bien que des peines
qu'elle décernoit contre ceux qui se
trouvoient dans le cas y énoncé. Cette
réserve avoit pour objet d'obvier aux
plaintes des Ministres des Puissances
Catholiques Romaines ; mais loin de
trouver cette exception suffisante pour
assurer les prérogatives de leur carac-
tère, ils prétendoient au contraire
qu'elle y donnoit ateinte. Ils allé-
guoient que le nombre des Prêtres
étrangers qui se trouvoient dans Londres n'étoit point suffisant pour desser-
vir leurs Chapelles. Que l'usage étoit
établi depuis un tems immémorial,
de se servir de ceux du Païs même.
Que c'étoit par cette raison qu'ils se
dispensoient pour l'ordinaire d'en amener avec eux. Que la restriction concernant les Etrangers, n'étoit donc
point une chose qu'ils pussent consi-
dérer comme un avantage ; qu'il en ré-
sultoit nécessairement une privation

ou

ou un empêchement de pouvoir vâquer à l'exercice de leur Religion.
Que le droit qu'ils reclamoient, fondé dans le droit des gens, étoit reconnu par un Acte du Parlement Britannique, rendu fous le régne de la
Reine Anne. Qu'ils demandoient en
vertu de cet Acte, le redreffement d'u-
ne claufe qui bleffoit fi ouvertement
les prérogatives de leur caractére ; &
qu'ils étoient d'autant plus interreffés
à infifter fur cette demande, qu'elle
aquéroit un nouveau degré de force,
par ce qui s'étoit paffé à l'occafion de
l'arrêt du nommé François Montford,
& de l'ordre donné pour arrêter le
nommé Jâques Hamilton. Telles
étoient les raifons fur lefquelles ces
Miniftres fe fondoient. Ils y ajoutoient
un grief contre M. de Veil, Juge de
Paix, pour avoir dit, comme le porte
la Lettre de Jâques Hamilton, qu'il
feroit arrêter ce Prêtre dans la maifon
même de l'Ambaffadeur de Venife. A
ces raifons, la Cour en opofoit d'autres, qui n'étoient pas moins remar-
quables, & qui furent expofées au <
Miniftres complaignans ; favoir, que

la Proclamation s'aſtreignoit à la vérité aux Prêtres Catholiques Romains,
ſujets du Roi, qui ſe trouvoient au
ſervice des Miniſtres étrangers. Que
S. M. remarquoit que ces Miniſtres in-
ſiſtoient ſur une prétention illimitée,
en faveur de toutes les perſonnes
qu'ils qualifioient de leurs domeſtiques. Que le Roi étoit très-éloigné de
donner ateinte aux Priviléges que le
droit des gens leur accordoit; mais que
ces Priviléges ne pouvoient être réſ-
pectés, qu'autant qu'ils étoient com-
patibles avec le bien public & la ſûreté intérieure du Païs. Que la ville
de Londres fourmilloit depuis quelque-tems de Catholiques Romains na-
tionaux. Qu'on étoit informé de leurs
machinations contre le Gouvernement, de leurs diſcours injurieux,
& des menaces auxquelles ils s'ou-
blioient. Qu'on ne voïoit que trop
l'éfet des mouvemens qu'ils ſe donnoient, pour arracher à la Foi Pro-
teſtante des perſonnes qu'ils ſédui-
ſoient à embraſſer leur Religion. Qu'il
falloit donc dans un tems de rebellion
comme celui-ci, uſer des moïens con-
vena-

venables contre de telles gens , ennemis irréconciliables du Gouvernement , & que les Loix déclarent cou-
pables du crime de Lèze-Majeſté, dans
le tems où ils s'emploïent à atirer des
ſujets du Roi à leur Religion. Qu'à
l'égard des Chapelles privées que les
Miniſtres étrangers font deſſervir par
leurs propres Aumôniers , on ne leur
en conteſte point le droit. Mais qu'on
ſe raporte à leur équité , ſi les Priviléges qu'ils reclament peuvent s'étendre juſqu'à tenir hors de leurs Maiſons des Chapelles ouvertes , auxquelles ils prêtent leur nom , & dans
leſquelles on entretient un nombre
exceſſif de Prêtres qui y célébrent la
Meſſe tout le matin , moins pour le
culte des perſonnes attachées au Miniſtre , que pour celui des ſujets Pro-
teſtans , que l'on atire à la Religion
Romaine ; & que l'Acte paſſé ſous le
régne de la Reine Anne , ne ſçauroit
preſcrire contre celui qui a été paſſé
ſous le régne du Roi Guillaume , &
dans lequel il eſt dit formellement ,
qu'aucun ſujet du Roïanme , dans le
Païs , ne pourra faire l'Office de célé-

K 2   brer

bter la Messe, même dans les Maisons des Ministres étrangers.

Il falloit d'autres raisons que celles de la Religion. C'est pourquoi le Roi d'Angleterre ordonna au Duc de Cumberland de précipiter sa marche. Ce Prince aïant assemblé son armée, se porta du côté d'Edimbourg. Il y fit son entrée quelques jours après. Il n'y resta cependant qu'autant qu'il lui falut de tems, pour se mettre au fait de l'état des choses & tenir un Conseil de Guerre, à l'issuë duquel il partit pour l'armée. Il se rendit de-là à Sterling & à Perth, que l'armée du Prince Edouard avoit été obligée d'évacuer dès le mois de Février. Ce Prince fut obligé de se tenir sur la défensive & de battre en quelque façon en retraite. Son armée se sépara à Creif en trois corps, dont le premier, composé des Tribus, passa à Taybridge, & prit le chemin des montagnes, dans lequel se trouvoient les gens du Plat-Païs. Comme ceux des Comtes de Banif & Dangus marchoient à Dunkeld, avec 4. chariots couverts & 7. piéces de canon, qui faisoient toute

te son artillerie , atendu qu'il avoit
été obligé d'abandonner 15. canons à
Perth , après les avoir encloués & avoir
disperfé toutes fes munitions. Le troifiéme corps, commandé par Lord Jean
Drummond , & formé de tout ce qu'il
y avoit de troupes Irlandoifes , & des
autres venuës de France, prît la route d'Aberdeen.

Enfin , après bien des marches de
part & d'autre , le Duc de Cumberland , qui cherchoit depuis long-tems
des occafions d'en venir à une action
décifive , força le Prince Edouard de
l'accepter. Comme l'affaire a éfecti-
vement décidé du fort & de la foru-
ne du Prétendant , je crois devoir raporter ce qu'un de fes principaux Officiers en a lui-même écrit.

*Relation de la Bataille de Colloden , en-
tre le Prince Edouard & le Duc de
Cumberland , donnée le 16. Avril
1746. ou Lettre d'un Officier de l'armée du Prince , traduite de l'Anglois ,
de Lochaber , le 22. Avril.*

» Si j'avois pu prévoir , Monfieur ,
» la fin de notre entreprife , je ne me
K 3 » ferois

» ſerois jamais engagé à vous en ra-
» conter dans le détail tous les événe-
» mens. Je n'ai eu juſqu'ici qu'à vous
» dépeindre un Héros heureux, & qui
» mérite de l'être par ſes grandes qua-
» lités. Aujourd'hui, pour ſatisfaire à
» mon engagement, je dois vous par-
» ler de la malheureuſe Bataille de
» Colloden : elle a décidé du ſort de
» ce grand Prince, & de tous ceux
» qui s'étoient attachés à ſa Perſonne
» & à ſes intérêts. Qui auroit pû pen-
» ſer que tant de ſuccès, tant de gloi-
» re, tant de valeur, tant de pruden-
» ce, tant de généroſité, ne fut cou-
» ronnée que par un revers ſi funeſte ?

» Je m'atacherai, ſans beaucoup
» d'ordre, à vous expliquer plus clai-
» rement les faits qui nous ſont quel-
» que difficultés, ſelon que vous me le
» témoignés par votre dernière lettre.

» La ſituation de l'armée du Prin-
» ce n'étoit pas ignorée du Duc de
» Cumberland. Depuis cinq ſemaines
» nous manquions de tout. Son par-
» ti étoit pris de nous laiſſer périr de
» faim ou de miſére, ou du moins
» de nous laiſſer languir, pour avoir
» enfin.

» enfin meilleur marché de nous.

» Il changea de résolution, sur l'a-
» vis qu'on lui donna, que la Fran-
» ce envoïoit au Prince une groſſe
» ſomme d'argent par des vaiſſeaux
» en état de ſe défendre. Il ſçut de
» plus, que le Prince n'étant pas in-
» formé de cet envoi, s'étoit détermi-
» né à raſſembler ſon armée, qui étoit
» diviſée en gros détachemens, éloi-
» gnés les uns des autres, tant pour
» ſubſiſter plus commodément, que
» pour ne point laiſſer derriére lui des
» Ennemis ſans les réduire. Son deſſein
» étoit de marcher droit au Duc de
» Cumberland.

» Le Duc, de ſon côté, réſolut d'at-
» taquer le Prince avant que toute
» ſon armée fut aſſemblée ; & au lieu
» de publier, comme il faiſoit depuis
» un mois, qu'il partoit pour Inver-
» neſſe, il ordonna que ſon armée fut
» prête de paſſer en revuë le 8. du
» mois d'Avril. Il partit le même jour,
» fit faire à ſes troupes une marche
» forcée, & ſe rendit le quatriéme jour
» à Cullen, qui eſt ſur le bras de mer
» de Morowſerlth. Il amenoit avec lui
» par

» par mer une trentaine de Vaiſſeaux,
» grands & petits, chargés d'artillerie,
» & de toute ſorte de munitions de
» guerre & de proviſions de bouche.
» Il fut auſſi joint à cet endroit par le
» Général Flanc, avec 4000 hommes,
» qui étoient depuis un mois à Strath-
» boggie, petite ville, à la même hau-
» teur que Cullen, mais à dix milles
» de la mer.

 » Le lendemain 12 le Duc de Cum-
» berland ſe rendit, avec toute ſon ar-
» mée, ſur les bords de la riviére de
» Spey, diſtante de Cullen de huit
» milles. Cette riviére eſt quelquefois
» très - groſſe ; mais comme elle eſt
» enflée par les torrens qui viennent
» des montagnes, elle eſt ſi rapide,
» que ſix heures après ſes plus gran-
» des eaux, elle devient guéable en
» cent endroits différens.

 » Elle l'étoit lorſque le Duc de
» Cumberland y arriva. Milord Jean
» Drummond en gardoit le paſſage,
» avec un corps de 3000. hommes
» d'infanterie, & toute la cavalerie,
» à l'exception de celle que le Prin-
» ce avoit retenuë auprès de lui,

      » pour

» pour la garde de fa Perfonne.

» Ses ordres portoient d'arrêter le
» Duc de Cumberland, autant qu'il
» lui feroit poffible, afin de donner
» au Prince le tems dont il avoit be-
» foin pour raffembler fon armée, fans
» cependant engager d'affaire, & de
» fe replier fous Inverneffe, lorfqu'il
» ne pourroit plus tenir.

» En conféquence, il porta un corps
» d'environ 1500. hommes vis-à-vis
» de l'endroit où le Duc de Cumber-
» land, arrivant avec toute fon armée
» & quelques piéces de canons, la mit
» auffi-tôt en bataille fur le bord opofé
» de la riviére, s'y avança lui-même
» à la tête d'une troupe, & fe prépa-
» roit à la paffer par plufieurs endroits.

» Alors Milord Drummond envoia
» ordre à tous les poftes, le long de
» la riviére, de fe retirer en éventail,
» à un petit Village, une lieuë en ar-
» riére, qui faifoit le centre de leur
» réunion; & dans le même-tems il
» s'y rendit lui-même avec le corps
» qu'il conduifoit, d'où il fe retira à
» Elgin, à fix milles de Spey, avec
» une perte très-médiocre.

» Dans

» Dans le moment le Duc de Cum-
» berland fit passer la riviére à un
» corps de Dragons de Cavalerie le-
» gére, & de Montagnards de la Pro-
» vince d'Argille, qui nous suivirent
» quelque-tems, mais sans nous oser
» attaquer, & cependant le reste de
» son armée la passoit à force & sans
» discontinuer.

» Milord Jean Drummond en étant
» informé, poussa tout de suite une
» partie de ses troupes jusqu'à Forés,
» à dix milles plus loin, pour la com-
» modité des logemens.

» Toute l'armée du Duc de Cum-
» berland aïant passé la riviére le mê-
» me jour, & s'étant campée de l'au-
» tre côté, il la fit marcher le lende-
» main 13. dès la pointe du jour, &
» elle arriva à Forés sur les deux heu-
» res après - midi, d'où notre arrié-
» re - garde se retiroit, lorsque son
» avant-garde y arriva.

» Ce même jour, nous allâmes cou-
» cher à Naïrne, d'où pour n'être pas
» partis assés-tôt le 14. il pensa nous
» en coûter cher. Un renfort de Mé-
» gantoches, de Fraiseux, & de Mac-
» donals,

» donals, qui nous avoit joint, & qui
» faifoit monter notre petite-armée à
» environ 5000. hommes, nous avoit
» donné un nouveau courage, & nous
» tinmes ce pofte, jufqu'à ce que tou-
» te l'armée ennemie, d'où nous n'é-
» tions féparés que par une très-peti-
» te riviére, fut en vûë.

» Le Duc de Cumberland voulant
» nous enveloper, envoïa après nous
» toute fa cavalerie, qui faifoit envi-
» ron 3000. hommes, pour tàcher de
» nous amufer, & donner le tems à
» un gros corps d'infanterie d'arriver
» fur nous.

» Mais malgré tous leurs éforts, nous
» continuâmes notre route fur deux
» colonnes, aïant laiffé derriére nous
» une garde de toute notre cavalerie
» & de 1500. hommes d'infanterie,
» compofée de Volontaires, choi-
» fis de chaque corps. L'efcadron de
» Fitz - James y fit des merveilles.
» Il étoit monté fur des Cadogans,
» que nous avions pris dans les deux
» batailles précédentes. La cavalerie
» du Prince, prefque toute compo-
» fée de Gentilshommes, qui ne cé-

de

» de en bravoure à aucune autre trou-
» pe, copioit cependant les manœu-
» vres réglées de cet escadron. M. de
» Soulevent, qui avoit porté ce jour-
» là les ordres du Prince à Milord
» Drummond, contribua beaucoup à
» l'œconomie de cette retraite. Un
» piquet du Régiment de Berwick,
» commandé par M. Adelaïde, qui
» avoit été posté pour la garde d'un
» Pont sur la riviére de Naïrne, fit
» l'arriére-garde de l'infanterie, & se
» comporta avec distinction.

» La cavalerie ennemie nous pour-
» suivit l'épée dans les reins pendant
» quatre milles, jusqu'à un défilé, où
» le terrain devenoit difficile pour les
» chevaux. L'entrée en étoit bordée
» des deux côtés par un rideau, sur la
» crête duquel Milord Drummond fit
» ranger une partie de l'arriére-garde,
» pendant que le gros de l'armée con-
» tinuoit son chemin.

» La cavalerie des Ennemis jugea
» à propos de retourner en déça de
» Naïrne, où le Duc de Cumberland
» avoit déja formé son camp.

» Ce soir-là même, nous arrivâ-
» mes

» mes à Coloden , à huit milles de
» Naïrne , & deux milles d'Inverneſſe,
» où le Prince vint le même ſoir , avec
» le gros de ſon armée.

» Il l'a fit paſſer cette nuit ſous les
» armes, aïant raiſon de craindre que
» le Duc de Cumberland , par une
» marche forcée , ne vint l'attaquer.

» Le jour ſuivant 15. nous atendî-
» mes l'Ennemi avec impatience; mais
» inutilement : il ne vint pas , & le
» ſoldat fut obligé de ſe contenter d'un
» morceau de biſcuit pour toute nour-
» riture.

» La ſaiſon étoit mauvaiſe. Nous
» n'avions point de tentes , & nous
» n'oſions prendre des quartiers, aïant
» l'Ennemi ſi proche de nous. Tout
» cela , joint au défaut de vivres , fit
» prendre au Prince la réſolution d'al-
» ler attaquer l'Ennemi dans ſon camp.
» Cette même nuit - là , nous partîmes
» dans ce deſſein , ſur la brune , le
» Prince à la tête de ſon armée ; mais
» par la faute des guides , & quelques
» autres contre-tems , au lieu d'être
» en état de tomber ſur l'Ennemi au
» milieu de la nuit , la tête de notre

» armée en étoit encore, à la pointe
» du jour, éloignée de trois milles.

» Alors on repreſenta au Prince le
» riſque d'attaquer le Duc de Cum-
» berland, avec des forces ſi inégales,
» & les ſuites d'une bataille perduë;
» & on lui propoſa de retourner ſur
» ſes pas. Il n'en voulut rien faire, &
» ordonna qu'on allât en avant.

» Mais Milord Georges Moro, par
» un mal entendu, fit marcher l'armée
» par un chemin qui nous remit à Co-
» loden, à neuf heures du matin, ex-
» cédés de faim & de ſommeil.

» Le Prince ordonna qu'aucun ſol-
» dat ne quitta ſa troupe. Il avoit pris
» des arrangemens pour faire aporter
» d'Inverneſſe des vivres, dont ſon ar-
» mée avoit grand beſoin; mais la né-
» ceſſité, plus forte que les ordres du
» Prince, avoit forcé un tiers de nos
» gens à ſe jetter dans les Villages voi-
» ſins, & dans Inverneſſe, pour man-
» ger & s'y repoſer.

» Cependant le Duc de Cumber-
» land ſe renforçoit tous les jours; &
» ces vaiſſeaux que nous n'avions ſup-
» poſés chargés que de proviſions, lui
» avoient

» avoient débarqué la veille beaucoup
» de canon, & trois régimens d'in-
» fanterie. Se voïant donc si supérieur,
» il se mit en marche à la pointe du
» jour, & arriva sur nous le 16. vers
» les onze heures du matin.

» Le Prince fit tout ce qu'il put pour
» rassembler son armée ; mais on avoit
» beau assurer les troupes dispersées,
» que l'Ennemi venoit à nous, elles
» n'en vouloient rien croire, parce
» qu'on s'étoit déja servi plusieurs fois
» de cette feinte, pour les rassembler
» sous leurs drapeaux & les tenir en-
» semble.

» Le Prince tint conseil, pour déli-
» bérer si l'on se retireroit à Invernes-
» se, où si l'on attendroit l'Ennemi.
» Il n'avoit plus d'argent, & du pain
» que pour trois jours, au bout des-
» quels il auroit fallu nécessairement se
» séparer. Cet avenir prochain & cruel
» commençoit à décourager l'armée,
» ainsi la délibération ne fut pas lon-
» gue, & Son Altesse Roïale jugea,
» que malgré la supériorité des forces
» de l'Ennemi, il falloit l'atendre dans
» le poste où nous étions, qui lui pa-

L 2　　　» rut

» rut le plus avantageux de tous ceux
» qu'il pouvoit ocuper aux environs.

» L'armée du Prince étoit sur une li-
» gne : la droite appuïée contre un pe-
» tit hameau ; la gauche à un bois en-
» touré d'une muraille assés basse ; &
» la droite & la gauche également dé-
» fenduës en avant par un marais, que
» la cavalerie ne pouvoit passer que
» difficilement, quoiqu'il ne fut pas
» absolument impraticable.

» Le Duc de Cumberland, pour
» éviter l'inconvénient des deux ba-
» tailles précédentes, où nous étions
» tombés sur eux avant qu'ils fussent
» prêts, mit son armée en bataille sur
» deux lignes, à un quart de lieuë de
» nous, & toute sa cavalerie sur les aîles.

» Il s'avança ensuite sur nous à petit
» pas, toute son armée en bataille, &
» fit joüer son artillerie, qui nous in-
» commoda. Ils ont prétendu que la
» nôtre ne fit aucun éfet ; cependant
» je suis sûr d'avoir vû un de leurs esca-
» drons mis en desordre par nos ca-
» nons.

» Quand le Duc de Cumberland vit
» nos Montagnards marcher à lui,
» avec

» avec une vitesse & une bravoure à la-
» quelle il est difficile de résister, il fit
» avancer la seconde ligne sur la pre-
» miére, ensorte que les baïonnettes
» donnoient dans le dos des soldats de
» la premiére ligne.

» Lorsque les Montagnards furent à
» peu près à la portée du fusil ; la secon-
» de ligne fit un feu, roulant de la droi-
» te à la gauche : la premiére s'étant
» couchée par terre, elle se releva &
» fit sa décharge. Les Montagnards,
» selon l'ordre qu'ils en avoient reçû,
» ne firent la leur qu'à bout touchant,
» & tout de suite tombérent sur l'En-
» nemi à grands coups d'épée.

» Un choc si impétueux & si vio-
» lent, qui devoit naturellement met-
» tre l'Ennemi en déroute, ne fit point
» l'éfet auquel nous nous atendions ;
» parce que la seconde ligne forçoit
» à coups de baïonnettes la premié-
» re à tenir ferme & à nous faire fa-
» ce ; & elle exécutoit cet ordre avec
» d'autant plus de zèle & de sévéri-
» té, qu'elle se mettoit par-là à cou-
» vert du bras & de la fureur des Mon-
» tagnards.

L. 3   » D'ail-

» D'ailleurs les rangs étoient si fer-
» rés, que ceux que les Montagnards
» avoient coupés en morceaux ne tom-
» boient pas, & les vivans, les bleſſés,
» & les morts compoſoient un corps ſi
» ſolide, que les Montagnards ſurent
» obligés de renoncer à l'eſpérance de
» les percer.

» En même-tems que ſe faiſoit cette
» attaque, notre aîle droite, com-
» mandée par Milord Georges Moro,
» s'étant miſe en marche en avant du
» hameau, fut flanquée par un corps
» de Montagnards d'Argile ennemi,
» qui la fit plier ; & ce mouvement ſe
» communiqua de l'aîle droite au cen-
» tre, & du centre à l'aîle gauche,
» laquelle cependant tint bon, autant
» qu'il lui fut poſſible.

» Elle étoit commandée par Milord
» Duc de Perth, qui, à pié, à la tête
» des Macdonals, combatit avec tant
» d'intrépidité & de courage, que ſon
» exemple & ſa bonne conduite ne
» contribuérent pas peu à la réſiſtance
» opiniâtre que fit cette partie de l'ar-
» mée.

» Il fut bien ſecondé par les Piquets
» Irlan-

» Irlandois, que le Prince avoit déta-
» chés du corps de réferve au com-
» mencement de l'action, pour renfor-
» cer la gauche, qu'il voïoit prête à
» être envelopée par un gros corps de
» cavalerie. M. Stapleton, qui étoit à
» leur tête, s'y diftingua, & fut bleffé.

    » Les Montagnards font fur le pié de
» ne fe jamais rallier. L'utilité de cet-
» te troupe confifte dans la vivacité de
» l'ataque; mais fur la défenfive, elle
» ne montre plus la même ardeur. Ici
» elle fe retira avec précipitation & en
» defordre.

    » Lorfque l'on vit la bataille décidé-
» ment perduë, ce ne fut qu'avec bien
» de la peine qu'on perfuada au Prince
» de fe retirer, après avoir fait des pro-
» diges de valeur & des éforts inutiles
» pour rallier fes troupes, en expofant
» fa perfonne, comme il le faifoit en
» toute occafion, à beaucoup trop de
» dangers.

    » Il faut encore dire un mot du corps
» de réferve, qui étoit aux ordres de Mi-
» lord Louïs Drummond de Melfort.
» Il n'étoit donc plus compofé que du
» Régiment-Roial Ecoffois, & deux
                  » Ré-

» gimens du Plat-Païs, & ne faifoit que
» 2000. hommes. Il garda toujours
» fon pofte, fans s'avancer. Le Duc de
» Cumberland aïant vû leur contenan-
» ce, & étant décidé à ne rien rifquer,
» il fit marcher fon armée toujours en
» bataille, & prit poffeffion de notre
» terrein.

» Alors le corps de réferve commen-
» ça à fe retirer un peu en defordre.
» Milord Melford reçût un coup de feu
» à la cheville du pié. Cette troupe ne
» laiffa pas de fe rallier jufqu'à trois
» fois, en tirant fur l'Ennemi, moïen-
» nant quoi toute la plaine, qui étoit
» d'une lieuë jufqu'à la Montagne, fe
» trouva éclaircie.

» Milord Jean Drummond, dont le
» pofte étoit au centre de la ligne,
» après la retraite de l'armée, avoit
» pris le commandement du corps de
» réferve, avec lequel il tourna vers la
» droite, paffa la riviére de Naïrne, &
» gagna une coline qui le conduifit à la
» Montagne, fans avoir perdu autant
» de monde qu'on l'auroit crû, aïant
» été fuivi long-tems par un corps de
» Dragons.

» Les

» Les Piquets Irlandois ne pouvant
» se résoudre à tourner le dos, furent
» coupés par les Ennemis qui ocu-
» poient le centre, & ne purent se re-
» tirer à Inverneffe, où le Marquis d'Ai-
» guille leur ordonna de se rendre pri-
» sonniers de guerre.

» La bataille commença à midi, &
» dura environ une heure & demie.

» Pendant l'action, le Duc de Cum-
» berland parut sur une hauteur der-
» riére son armée, d'où il pouvoit voir
» tout ce qui se passoit.

» Dans cette affaire nous n'avons
» pas perdu plus de 800. hommes,
» tués, bleffés, ou prisonniers, par
» la complaifance des Ennemis qui
» n'ont fait aucune pourfuite.

» Ma premiére Lettre vous rendra
» compte des funeftes fuites d'une ba-
» taille qui met bien du defordre dans
» les affaires d'un Prince, dont la
» bravoure, la conduite, le fang froid
» dans les plus grands dangers, mé-
» riteroient un meilleur fort, & laif-
» fe une Nation valeureufe en proïe
» au reffentiment d'un Ennemi jaloux
» & irrité.

J'ajoute

J'ajoute à la Relation, une prétendue Lettre du Prince Edouard à son frére, aujourd'hui Cardinal d'Yorck.

MON CHER FRE'RE,

» Vous aïant fait communiquer par
» mon Sécrétaire le détail & les par
» ticularités de la funeste action près
» d'Invernesse, je ne vous en parlerai
» point, ni des malheureuses suites
» qu'elle a euës. Je me bornerai seu
» ment à vous instruire des choses qui
» paróissent nécessaires pour votre
» conservation, à laquelle je m'inté
» resse autant qu'à la mienne propre.
» Le peu d'amis qui nous restent dans
» ce Roïaume; c'est-à-dire, ceux qui
» osent se dire tels, atendent conti
» nuellement votre arrivée dans quel
» que partie d'Ecosse ou d'Angleter
» re, & espérent que vous aménerés
» avec vous une armée capable de ré
» parer nos affaires, ou du moins re
» tarder notre infortune. Je vous
» avouerai même que vos Lettres,
» ainsi que celles du Duc de Bouillon,
» m'avoient engagé à espérer que cet
» te

» te Cour. . . . .
» vous fourniroit les forces néceffaires
» pour cela ; mais à prefent inftruit . . .
» . . . .
» je vous dirai que je ne compte plus
» fur aucuns fecours , & même bien
» loin de le fouhaiter . . . .
» . . . .
» . . . .
» . . . . vous-même , cela
» m'engage à vous inftruire des mal-
» heurs dans lefquels vous vous expo-
» feriés , & vous vous mettriés dans
» l'impoffibilité de pouvoir jamais re-
» mettre fur le Trône Britannique ,
» le Roi notre Pere ; ainfi ne vous
» laiffés pas éblouïr par l'efpérance d'a-
» quérir de la gloire , ou de tirer quel-
» qu'avantage d'une nouvelle entre-
» prife ; car je fuis certain qu'elle ne
» feroit pas plus heureufe que celle
» qui vient d'échouer : tout ce qui
» pourroit vous en revenir, ce feroit
» d'avoir eu le titre de Général & d'en
» tirer les émolumens, chofes qui font
» au-deffous de votre naiffance , &
» que la fortune, fi contraire qu'elle
» vous foit, vous met encore, ainfi je
» l'ef-

» l'espére, en situation de méprifer,
» tandis que vous coureriés rifque d'ê-
» tre tué, bleffé, ou de tomber en la
» puiffance de nos Ennemis. Je ne
» doute nullement que lorfque vous
» aurés comparé ce danger que vous
» coureriés, avec la gloire & l'avan-
» tage que vous en pourriés tirer, vous
» ne laiffiés ces lauriers à ceux que l'o-
» béïffance oblige à fuivre les Projets
» de leur Prince, & qui, foit que
» ces Projets réüffiffent, ou qu'ils
» échoüent, il eft toujours glorieux
» d'avoir obéï. Si l'amitié vous enga-
» ge, ainfi que je fuis perfuadé, à dé-
» firer de me procurer les moïens d'é-
» chaper à nos Ennemis, je compte
» que cette feule raifon doit vous por-
» ter à renoncer à tout Projet d'une
» nouvelle entreprife ; c'eft dont vous
» conviendrés, lorfque je vous aurai
» expliqué les raifons qui m'engagent
» à penfer de la forte.

» L'idée d'être à portée de profiter
» de la premiére occafion qui fe pré-
» fenteroit pour rétablir nos affaires,
» m'engage à refter dans ce Païs,
» après la défertion des principaux
„ Chefs

» Chefs de notre parti ; mais plus j'e-
» xamine le caractére des deux Na-
» tions, plus je crois qu'il eſt impoſ-
» ſible de trouver cette occaſion. Les
» Ecoſſois, ſur la fidélité de qui je
» fondois mes eſpérances, ont des pré-
» jugés trop grands contre la Religion
» Catholique, pour jamais être bien
» intentionnés pour notre Famille, &
» qu'ils aïent deſſein de la remettre
» ſur le Trône. Le Clergé du Roïau-
» me abhorrant cette Religion depuis
» le régne de mon Aïeul, a ſoin de
» nourrir en eux des préjugés, qu'il y a
» ſemés dès l'enfance, & de leur faire
» encore voir que le rétabliſſement
» d'un Prince de cette Religion, en-
» traîneroit la ruine de leur Egliſe. Il
» leur repreſente Sa Sainteté, comme
» le monſtre le plus affreux de l'Uni-
» vers, & leur aprend à ſe mocquer
» des prétentions de notre Pere, qu'il
» leur dit être fondés ſur des princi-
» pes faux, leur inſinuant que le Droit
» héréditaire ſur lequel ſes prétentions
» à la Couronne ſont ſolidement éta-
» blies, n'eſt qu'un droit imaginaire,
» qu'ils confondent avec l'idée d'un

Tome III.   M   » Gou-

» Gouvernement defpotique, & d'un
» efclavage auquel ils font croire
» qu'on les veut foumettre. Ils-fça-
» vent donner un air de vérité à leurs
» fophifmes, qui paffent pour les en-
» gagemens les plus folides & les plus
» raifonnables, Il n'eft donc pas éton-
» nant que le peuple groffier en foit
» ébloüi.

    » Nos affaires font encore en plus
» mauvais état en Angleterre, où les
» Chaires des Prédicateurs retentif-
» fent des malédictions que les Mi-
» niftres prononcent fans ceffe contre
» nous, & où à peine les Imprimeurs
» peuvent fuffire à imprimer les Li-
» belles que l'on écrit contre nous &
» nos Droits. Enfin ceux en qui le
» Peuple met fa confiance, lui repre-
» fentent que fon devoir & fa con-
» fcience doit l'engager à défendre fa
» Religion & fes Priviléges, leur per-
» fuadant que tout régne de Stuard
» doit en être le renverfement, &
» entraîner par conféquent l'efclavage
» le plus affreux. L'on ne peut leur
» reprocher avec juftice la crainte
» qu'ils en ont, puifque les démar-
                 » ches

» ches de nos Ancêtres ont tendu à
» confirmer ces préjugés. Il nous reſte
» cependant encore quelques amis
» dans les deux Nations. Mais ceux
» qui ſont en Ecoſſe ne ſont pas en
» ſituation de faire valoir leur zèle ;
» & les Anglois, qui ſont encore bien
» intentionnés, m'ont aſſés prouvé,
» par l'heureuſe tranquilité dans la-
» quelle ils ſont reſtés, quand je me
» ſuis trouvé au milieu d'eux, que
» l'on ne peut pas compter ſur leur
» courage, d'où l'on peut inférer que
» la portion la plus conſidérable de la
» Nation protége l'Hannovrien & eſt
» contente de ſon Gouvernement.
» De-là on peut juger du peu d'apa-
» rence qu'il y a de la faire changer ;
» & c'eſt ce qui eſt cauſe que les Ma-
» nifeſtes que j'ai fait répandre n'ont
» produit aucun éfet ; & que bien loin
» de me recevoir comme le Fils de
» leur légitime Souverain, & comme
» un Prince né pour être un jour leur
» Roi, ils m'ont regardé comme un
» *Intrus*, & comme l'Ennemi impla-
» cable de leur Nation, qui venoit
» chez eux pour détruire leurs Loix

M 2   » &

» & anéantir leurs Priviléges, me re-
» gardant du même œil que certains
» Princes, qui à peine confidérent
» leurs fujets comme de vils efclaves
» dignes de leur compaffion. Peut-on
» être étonné qu'aïant affaire à un Peu-
» ple nourri dans de pareils préjugés,
» mon entreprife ait eu une auffi fa-
» tale réüffite ? Enfin reprefentés-vous
» que les habitans du Roïaume, ex-
» cepté les Catholiques Romains, nous
» regardent comme leurs plus cruels
» ennemis, & font prêts de facrifier
» leurs vies pour s'opofer à nos inté-
» rêts ; fentimens qu'ils ont fuccès
» avec le lait de leurs meres, & que
» je crains bien qu'il foit impoffible
» de faire changer.

   » Car peut-on s'imaginer qu'un Peu-
» ple prévenu de pareilles idées aprou-
» ve des Defcentes, qui ne fervent
» qu'à allumer dans fa Patrie des guer-
» res civiles, qui la ruinent & qui ne
» fervent qu'à l'établiffement d'une Fa-
» mille que la Nation hait, & au ren-
» verfement d'un Prince, qu'elle aime
» & qu'elle a choifi elle-même pour la
» gouverner. Voilà cependant la fi-
       » tuation

» tuation où nous nous trouvons à
» l'égard de la Nation Britannique,
» qui bien loin de nous regarder com-
» me ses légitimes Souverains, ne nous
» regarde que comme des Princes
» dont ses Ennemis veulent se servir
» pour la réduire à l'esclavage, anéan-
» tir ses Priviléges & détruire sa Reli-
» gion, pour laquelle les Anglois sont
» tous prêts à verser jusqu'à la der-
» niére goute de leur sang.

J'ai raporté cette Lettre, sans trop
être persuadé de son Auteur : ce ne
sont que quelques raisons plausibles
que j'y ai trouvé répanduës qui m'ont
déterminé à le faire.

Depuis la bataille de Colloden, jusqu'à l'embarquement du Prétendant
pour la France, ce Prince n'a fait
qu'errer dans les Montagnes, y me-
nant une vie qu'il se voïoit toujours
au moment de terminer ; sa tête mise
à prix, & le Fanatisme, qui animoit
ses Ennemis, ne pouvoit que lui re-
presenter une mort prochaine : cet espéce de suplice dura jusqu'au mois de
Septembre 1746. qu'il s'embarqua
pour venir en France.

M 3　　　Voici

Voici la Relation qui m'eſt parvenuë dans le tems, & ſur laquelle on fera le fond que l'on jugera à propos.

» Le 2. Septembre nous partîmes du
» Cap Girchel, aïant ſur nos Frégates
» 12. Ecoſſois, ſur les directions deſ-
» quels nous devions nous régler ; le
» troiſiéme jour de notre route, pour
» ſortir de la Manche, nous fûmes
» chaſſés par trois Navires Anglois,
» que nous perdîmes enſuite de vûë.
» Après avoir paſſé à l'Oueſt d'Irlan-
» de, pour nous rendre en Ecoſſe,
» nous entrâmes dans la Haïe de Loch
» Nova, où nous fûmes 16. jours, du-
» rant leſquels il fit un tems affreux,
» & nous manquâmes pluſieurs fois
» d'y périr, aïant perdu nos cables &
» nos ancres ; mais pendant que nous
» tâchions de les relever, nous trou-
» vâmes une ancre du poids de trois
» milles livres, que nous mîmes ſur
» l'autre bord. Elle avoit été laiſſée
» dans ce Paſſage par quelqu'un des
» ſix Vaiſſeaux Anglois, qui y avoient
» croiſé & que le mauvais tems, heu-
» reuſement pour nous, en avoit chaſ-
» ſé. Les 16. jours ſe paſſérent à cher-
» cher

» cher le Prince Edouard, qui étoit à
» 30. lieuës dans les Montagnes de
» l'intérieur du Païs. Nos Ecossois eu-
» rent bien de la peine à le trouver.
» Enfin l'aïant joint, ils le déguisérent
» en femme, & ne marchérent que
» de nuit, pour éviter d'être décou-
» verts par les soldats Anglois, qui
» rodoient par tout le païs & dont
» nous en prîmes trois. Le Prince
» Edouard qui s'embarqua sur la Fré-
» gate l'*Heureux*, voulut que nous re-
» missions à terre ces trois prisonniers,
» & nous rendîmes aussi un petit bâ-
» timent, chargé de farine, qui avoit
» été pris à un Ecossois. Aussi-tôt que
» nous fûmes sortis de la Baïe de Loch
» Nova, nous reprîmes notre route à
» l'Ouest d'Irlande, dans l'intention
» de venir débarquer à Brest ; mais ce
» vent ne nous permit d'aborder qu'à
» Roscoff, sans avoir rencontré aucun
» Navire Anglois. Nous avons rame-
» né en France 18. Ecossois de dis-
» tinction.

Ce Prince fut reçû de Sa Majesté
Très - Chrétienne comme il le méri-
toit. Toute la Nation plaignit son
sort.

fort. Ce fut cependant son unique consolation. Dans le tems de la Signature des Préliminaires d'Aix-la-Chapelle, il crut devoir renouveller ses Protestations, contre ce qui avoit été fait au préjudice de ses intérêts.

On ne peut que lui souhaiter l'occasion de les faire valoir avec plus de succès.

Nous allons entrer dans un détail plus intéressant pour la Nation, que celui des opérations militaires d'Ecosse. C'est ce qui concerne les campagnes d'Italie & de Flandres de l'année 1746.

Le Gouvernement de Génes, qui avoit sujet de se plaindre des Anglois, envoïa de nouvelles instructions à ses Ministres dans les Cours étrangéres. Comme cet Etat n'étoit point en guerre avec le Roi de la Grande-Bretagne, ni même avec aucun des Alliés de S. M. B. puisque les troupes Génoises, jointes à celles d'Espagne & de France, ne remplissoient que la qualité d'auxiliaires ; les hostilités commises depuis quelques mois, contre plusieurs des Villes maritimes du Continent de

cette-

cette République & contre la Capitale en particulier, ne pouvoit que causer une extrême surprise. Quelqu'étonnant qu'ait dû paroître ce procédé à la République, elle ne devoit pas s'atendre que les choses seroient portées au point où elles le furent. La prise de la Bastie, dont les Rebelles de l'Isle de Corse s'étoient emparés avec le secours de l'Escadre Angloise, dans un tems où la Rebellion qui s'étoit élevée dans la Grande - Bretagne, devoit naturellement faire croire que le nom seul de Rebelles y étoit en opprobre. La bonne intelligence que ceux de l'Isle de Corse entretenoient avec les Anglois, pouvoit avoir pour les Génois les suites les plus fâcheuses. Ce fut dans l'intention de les prévenir, qu'ils se donnérent tous les mouvemens possibles, pour mettre en état de défense les trois Places fortes de l'Isle, & les postes qui y restoient encore ; à cet éfet le Gouvernement fit partir pour Calvi, Ajaccio, & St. Boniface, des Canonniers, des munitions & des vivres, & afin de pouvoir y envoïer des renforts plus considérables,

rables, ſans dégarnir le Continent.

Toutes les précautions des Génois n'empêchérent pas que les Rebelles de Corſe, ſoutenus des Anglois, ne s'emparaſſent de *San Fiorenzo*, Ville maritime de l'Iſle de Corſe, dans la partie Septentrionale de l'Iſle, ſur un Golfe qui leur y donna un Port au commencement de 1746. Il eſt vrai qu'ils en furent chaſſés peu de tems après.

Le Roi de Sardaigne, à qui les Rebelles avoient demandé du ſecours, profita volontiers de leurs avances, & déclara par un Manifeſte bien détaillé; » Que les Peuples de l'Iſle de Cor-
» ſe lui aïant fait repreſenter par le Co-
» lonel Comte Dominique Rivarola,
» & par les Capitaines Paul-François
» Sarri, & Angélo François de Bonis,
» de la même Nation & actuellement
» à ſon ſervice, qu'ils avoient été obli-
» gés depuis peu de prendre les armes
» pour ſe ſouſtraire à la domination
» de la République de Génes, qui,
» foulant aux piés les Loix de l'hu-
» manité & celles de la juſtice, & agiſ-
» ſant contre la foi des Traités les plus
» ſolemnels, de même qu'au mépris de
» la

» la garantie du feu Empereur Charles
» VI. & de la protection du Roi Très-
» Chrétien, n'avoit cessé de les traiter
» d'une maniére tirannique & conti-
» nuelle, d'user envers eux des traite-
» mens les plus durs, qui ne pouvoient
» tendre qu'à la destruction totale de
» cette malheureuse Nation. Ces Peu-
» ples l'aïant fait suplier en même-
» tems de leur accorder sa protection
» Roïale, & de leur obtenir celle de
» Sa Majesté l'Impératrice Reine de
» Hongrie & de Bohême, & celle de
» Sa Majesté le Roi de la Grande-Bre-
» tagne ses Alliés, nous nous sommes
» sentis d'autant plus disposés à le fai-
» re (dit ce Prince) que tout l'Uni-
» vers est instruit des mauvais procé-
» dés que cette République a tenus
» envers nous & nos Alliés; qu'elle a
» outragé & abusé de la maniére la
» plus sensible, depuis le commen-
» cement de cette guerre, en favori-
» sant & assistant nos Ennemis, pendant
» qu'elle emploïoit d'un autre côté les
» Protestations les plus fortes pour nous
» persuader que son intention étoit
» d'observer une exacte neutralité.
» C'est

» C'est après de telles Proteſtations,
» qu'elle s'eſt déclarée ouvertement
» pour eux, & qu'elle les a aidés de
» ſes troupes & de ſon artillerie ; char-
» mée ſans doute de trouver cette oc-
» caſion de nous faire ſentir les éfets
» de la haine ſecrette qu'elle nourrit
» contre notre Maiſon Roïale, & de
» ſatisfaire la jalouſie que lui a tou-
» jours cauſé l'acroiſſement de notre
» Puiſſance. De ſi juſtes motifs de
» mécontentement nous autoriſent à
» profiter de la circonſtance preſente,
» pour uſer envers elle du droit de
» rétorſion.

» Touché d'ailleurs d'une vraïe com-
» paſſion de l'état déplorable dans le-
» quel ſe trouve l'Iſle de Corſe, ſous le
» Gouvernement de la République de
» Génes, & excité par ſes injuſtices en-
» vers nous à tirer vengeance de la
» conduite qu'elle a tenuë, en ſe joi-
» gnant à nos Ennemis, nous nous
» ſommes déterminés à accorder, com-
» me nous accordons par ces Preſen-
» tes, notre protection Roïale & aſſiſ-
» tance auxdits Peuples de l'Iſle de
» Corſe. En conſéquence, nous nous
　　　　　　　　　　　　　　　» enga-

» engageons de leur fournir tous les
» secours qui dépendront de nous.
» Nous les assurons que nous emploïe-
» rons tous nos soins auprès des Puis-
» sances nos Alliées, pour les engager
» à protéger & assister ces Peuples dans
» la guerre qu'ils ont entreprise pour
» se délivrer d'un joug tirannique ; &
» nous ne doutons point, que sensibles
» à leurs justes raisons, elles n'en soient
» pareillement touchées & disposées à
» les protéger & les soutenir, non-seu-
» lement pendant le cours de cette
» guerre ; mais aussi à la conclusion de la
» Paix, que nous ne cessons de deman-
» der au Tout-Puissant, & que nous es-
» pérons de sa bonté Divine. En aten-
» dant qu'il lui plaise d'exaucer nos
» priéres, nous assurons les Peuples de
» l'Isle de Corse, que dans les Traités à
» conclure, nous aporterons le plus
» grand soin & la plus grande atention
» pour rendre leur situation heureuse, &
» les faire joüir d'une tranquilité cons-
» tante, & que nous ne permettrons ja-
» mais qu'ils demeurent exposés au res-
» sentiment de la République de Génes.
» En foi de quoi nous avons fait expé-

» dier ces Presentes, signées de no-
» tre main, munies de notre Sceau
» Roïal, & contresignées par le Mar-
» quis de Gorsegne, notre Secrétaire
» d'Etat pour les affaires étrangéres.
» *Signé*, CHARLES EMMANUEL.
» *Et plus bas*, BARRETTO DI GOR-
» SEGNO.

La Reine de Hongrie, qui fit une Déclaration à peu près semblable, détermina la Cour de France à faire connoître à toute l'Europe l'injustice de son procédé. Voici comme s'explique la Déclaration de Sa Majesté Très-Chétienne.

» Toute l'Europe aura vû, avec sur-
» prise, les Déclarations que la Reine
» de Hongrie, & le Roi de Sardaigne,
» ont fait publier, pour promettre
» leurs secours aux Peuples rebelles de
» l'Isle de Corse. Il est évident que ces
» deux Puissances manquent aux Loix
» de la Justice, en fomentant la Rebel-
» lion de ces Insulaires contre leur lé-
» gitime Souverain, avec lequel elles
» ne sont point en guerre. Les égards
» que la Reine de Hongrie doit à la mé-
» moire du feu Empereur son Pere,
» ajou-

» ajoûtant à cette entreprise, odieuse
» par elle-même, un nouveau degré
» d'irrégularité.

   » Le Roi & l'Empereur Charles VI.
» s'étoient engagés de concert à main-
» tenir la République de Génes dans la
» possession du Roïaume de Corse. Ce
» fut ensuite sous la protection de ces
» deux Monarques que la tranquilité
» fut rétablie dans cette Isle. Enfin
» Leurs Majestés accordérent en 1738.
» leur garantie, pour le maintien de
» l'Amnistie & des Réglemens, qui fu-
» rent alors statués par la République
» en faveur des Corses.

   » Cette considération auroit dû su-
» fire pour prévenir la Rebellion, &
» non pour l'encourager ; mais les
» droits naturels de la raison & de l'é-
» quité se taisent, lorsqu'il s'agit de sa-
» tisfaire son ressentiment & sa ven-
» geance.

   » Le Roi, bien éloigné de se con-
» duire par de pareilles maximes, n'a
» jamais traité en Ennemis déclarés les
» Puissances qui ont fourni à la Reine
» de Hongrie des secours contre Sa
» Majesté, tandis que les deux Puissan-

 » ces

» ces ennemies de Sa Majesté exercent
» contre les Génois les véxations les
» plus illégitimes, par la seule raison
» qu'ils sont Alliés du Roi, & auxiliai-
» res des Alliés de Sa Majesté.

» Cette circonstance est un motif,
» qui doit d'autant plus engager le Roi
» à donner en cette occasion aux Cor-
» ses fidèles, de nouvelles assurances
» de sa protection & de ses bontés & à
» aider la République, pour faire rentrer
» dans le devoir ceux qui, séduits ou
» excités par les Cours de Vienne &
» de Turin, ont osé ou oseront s'en
» écarter, & lesquels Sa Majesté regar-
» dera par cette raison comme déchus
» des graces & des Priviléges dont elle
» a été garante.

» C'est dans cette vuë que le Roi
» déclare, que son intention est de
» maintenir, par tous les moïens con-
» venables, l'autorité légitime de la
» République de Génes, & de con-
» tribuer le plus promptement, & le
» plus éficacement qu'il sera possible,
» à rétablir la tranquilité, l'ordre &
» la subordination dans l'Isle de Cor-
» se. La fidélité de Sa Majesté pour
» ses

» fes Alliés, fa modération & fon de-
» fir conftant de pacifier l'Europe,
» au lieu d'en multiplier les troubles,
» font les fondemens folides de la con-
» fiance que les Corfes dociles & fou-
» mis doivent mettre dans l'équité &
» la droiture de fes intentions ; & fon
» Trône fera toujours un azile affuré
» pour toutes les Puiffances qui lui
» feront unies , & dont on attaquera
» les droits & les prérogatives. Arrê-
» té à Verfailles le 9. Avril 1746.

Sa Majefté Impériale, & Sa Majefté Très-Chrétienne, déclarent & fe promettent réciproquement, qu'elles ne fouffriront point que l'Ifle de Corfe forte de la domination Génoife, fous quelque prétexte ou pour quelque caufe que ce puiffe être : qu'elles concerteront & prendront les mefures qu'elles jugeront les plus convenables & les plus éficaces, pour empêcher que cette Ifle ne paffe fous la domination de quelqu'autre Puiffance que ce foit , ou par un éfet du défefpoir des Rebelles , ou de quelqu'autre maniére que ce puiffe être ; qu'elles offriront leur fecours à la République , avec la garan-

N 3   tie

tie contre toute voïe de fait, par raport à ses Etats de Terre-Ferme, pendant le tems que durera la Rebellion
des Corses, & jusqu'à ce que cette
Isle soit réduite ; & que même, faute
par elle d'accepter ces offres, on ne
laissera pas, soit conjointement, soit
séparément, d'empêcher les moïens qui
seront nécessaires pour dompter au
plutôt cette Rebellion, suivant les
principes fixés entre les deux Cours,
& énoncés ci - dessus, dans la vuë,
comme il a été dit, d'assurer à per-
pétuité la Corse à la République de
Génes.

La République se voïant ainsi apu-
ïée par la Cour de France, publia un
Manifeste au sujet de ces deux Patentes du Roi de Sardaigne & de la Reine de Hongrie, dans lequel elle emploïe une maniére toute nouvelle de
réfuter. Bien loin de vouloir regarder
ces deux Piéces comme émanées des
Cours de Vienne & de Turin, la République prend le parti de les consi-
dérer, plutôt comme l'ouvrage d'es-
prits turbulents & mal intentionnés,
qui abusoient du nom respectable de
cette

cette Princesse , & de celui du Roi
de Sardaigne , sur quoi elle observe :
» Que l'objet de ces Patentes est si
» scandaleux , & les termes qu'on y
» emploïe , si peu mesurés , qu'elle
» n'a pû y reconnoître le stile d'au-
» cune Cour de l'Europe : Qu'outre
» les invectives dont elles sont rem-
» plies contre la République , la com-
» passion que l'on y afecte de faire pa-
» roître pour les prétendus griefs des
» Corses , & la protection dont on les
» y assure de la part de ces deux Puis-
» sances , aussi - bien que le secours
» dont on les flâte , ne tendent qu'à
» abuser ces Peuples ; qu'à les dé-
» tourner de l'obéïssance & de la fi-
» délité qu'ils lui doivent ; qu'à les ex-
» citer à la révolte , & qu'à susciter de
» nouveaux troubles dans cette Isle :
» Que comme leur contenu n'est pas
» moins préjudiciable à l'honneur de
» ces deux Cours , qu'oposé à la bien-
» séance & aux égards que l'on ob-
» serve même envers des ennemis ,
» elle est persuadée que celle de Vien-
» ne désaprouvera l'abus qu'on a fait
» en cette ocasion de son autorité :
» que

» que la République a vû cepen-
» dant, avec furprife, que le rebelle
» Rivarola, auquel il avoit été permis
» en 1744. de lever un Régiment de
» Corfes pour le fervice du Roi de
» Sardaigne, étant revenu dans l'Ifle
» au mois d'Octobre dernier, avec
» plufieurs de fes Adhérans, dans le
» deffein de corrompre la fidélité des
» Peuples, a eu la hardieffe de pu-
» blier qu'il faifoit cette démarche du
» confentement & avec l'aprobation
» du Roi de Sardaigne & de fes Al-
» liés : Que la République ne fauroit
» s'imaginer, que des Puiffances auffi
» refpectables aïent pû adopter des
» principes fi directement opofés aux
» Droits les plus facrés des Nations :
» que c'eft pour elle un nouveau mo-
» tif de douter, que les Cours de Vien-
» ne & de Turin auroient voulu ac-
» corder une protection dont l'exem-
» ple feroit fi dangereux, ni confen-
» tir que leurs noms fuffent mis à de
» pareils écrits, dans lefquels on ne fe
» contente pas de blâmer la conduite
» que la République a tenuë en gar-
» dant la neutralité ; mais où l'on va
» même

» même jusqu'à lui imputer des fen-
» timens d'averfion & d'envie, fi con-
» traires à fa modération reconnuë,
» en donnant une interprétation fini-
» ftre au parti qu'elle a pris de join-
» dre un corps de fes troupes, avec
» un train d'artillerie, à celles des
» Cours de France, d'Efpagne & de
» Naples : Qu'elle a donné cependant
» des preuves de fon impartialité dans
» la préfente guerre, tant envers le
» Roi de Sardaigne, qu'à l'égard des
» Alliés de ce Prince, en accordant
» le paffage à leurs troupes par fon
» territoire, en leur laiffant fes Ports
» libres, en permettant auffi le paffage
» des vivres & des munitions pour
» leur fervice, & en confentant à di-
» vers autres avantages : Qu'après les
» atentions qu'elle a euë pour ces
» deux Cours, il eft difficile de croire
» qu'elles puiffent regarder, comme
» une marque de haine & d'animofité,
» le parti que la République a pris avec
» les mêmes trois Couronnes : Que
» l'obligation indifpenfable où elle
» s'eft trouvée de défendre fa liberté,
» & fes Etats, contre les dangers aux-
        » quels

» quels ils étoient exposés, & contre
» les ateintes dont ils étoient menacés
» par le Traité de Worms, suffit pour
» justifier la conduite qu'elle a tenuë,
» & qu'à l'égard des Peuples de l'Isle
» de Corse, les graces réïterées qu'el-
» le leur a accordées en différentes
» occasions, font voir l'insubsistance
» de tout ce qu'on allégue de con-
» traire, &c.

Nous verrons bien-tôt à quoi abou-
tirent toutes les belles résolutions de
cette République, & les grands desseins que l'on avoit conçûs sur l'Italie, par raport aux avantages que l'on
y avoit remportés les campagnes précédentes.

Il est à propos de revenir aux opérations qui ont suivi la prise de Bruxelles.

* Le Maréchal de Saxe se rendit en
Flandres dans le courant d'Avril, &
il fit partir les troupes de leurs quartiers, dès le commencement de May,
pour venir camper, partie sous Bruxelles & partie sous Dendermonde. Il
y

* Affaires de Flandres.

y eut un troifiéme corps, commandé par le Comte d'Eftrées, que l'on avoit détaché de l'armée du Prince de Conty. Il étoit compofé de 24. bataillons & de 37. Efcadrons.

Le corps de troupes, affemblé fous Bruxelles, étoit le corps d'armée qui devoit feul être chargé des premiéres expéditions.

Le corps qui étoit fous Maubeuge, aux ordres de M. d'Eftrées, devoit faire preffentir aux Ennemis les deffeins que l'on avoit fur Mons, Charleroy & Namur, & fervir réellement dans la fuite à en faire les fiéges.

Le corps deftiné pour Dendermonde, devoit protéger, du côté de l'Efcaut, les premiéres opérations. On l'avoit compofé d'une grande partie de cavalerie, parce qu'il étoit placé commodément pour les fourages, qui étoient fort rares du côté de Bruxelles.

Toutes les troupes, qui devoient fe raffembler fous cette derniére Ville, y arrivérent du trois au quatre; elles y campérent fur deux lignes; la droite à Tervure, la gauche à Haram. La cavalerie & les Dragons campérent à
la

la droite, parce que le païs y étoit
découvert. Les Carabiniers feuls fer-
mérent la gauche de la premiére ligne. L'artillerie fut parquée en avant
de cette gauche.

Les deux tiers du front du camp
étoient couverts des ruiſſeaux de Vo-
luve & de Veſſembeck.

Toute la cavalerie, qui avoit hy-
verné dans la Flandres, ou Païs conquis, ſe raſſembla, au nombre de 48.
eſcadrons, ſous Dendermonde, aux
ordres de M. du Chayla ; 20. bataillons, dont 12. de Milices deſtinés à
camper, & 8. de Grenadiers-Roïaux,
marchérent auſſi aux mêmes ordres.

Le Roi arriva à Bruxelles le 4. May.
Les Ennemis étoient pour lors campés ; leur droite à Malines, qu'ils oc-
cupoient ; leur gauche s'allongeoit
juſqu'à l'Abbaïe de Ulierbek proche
Louvain, aïant la Dyle devant eux. Ils
tenoient cette poſition, pour mieux
veiller ſur les mouvements de la grande armée, qui les inquiétoient d'autant plus, qu'ils ne pouvoient pas pénétrer quel étoit le véritable objet du
corps que l'on raſſembloit ſur la Sambre.
MM.

MM. de Lowendal, d'Armentiere/s, & de Cremille, partirent le 6. de May du camp de Bruxelles avec un gros détachement, pour aller en avant reconnoître le Païs. Le but de M. le Comte de Lowendal étoit de se porter à Louvain, ville des Païs-Bas Autrichiens dans le Brabant, sur la riviére de Dyle, à 4. lieuës de Bruxelles & de Malines. Mais dès que les Ennemis furent informés de sa marche, ils abandonnérent la Ville; & M. de Lowendal aïant reconnu les environs, y passa la nuit avec son détachement. La brigade des Gardes arriva du 7. au 8. à Bruxelles. Elle campa en réserve derriére l'armée. Le Roi fit pour lors marcher toute l'armée sur 7. colonnes, & camper dans le même ordre qu'au camp de Bruxelles. Elle campa en différents endroits, jusqu'à la nuit du 11. au 12. que les Ennemis attaquérent en force le poste de Rosselaer : mais ils y furent repoussés & contraints de se retirer avec perte. Cette attaque n'avoit pour but que de masquer leur retraite ; car l'on s'aperçut le 12. au matin qu'ils avoient

Tome III.   O   aban-

abandonné la Dyle. L'on fut informé en même-tems qu'ils évacuoient Malines. Sur cet avis M. le Chevalier de Belle-Iſle, & M. le Prince de Soubiſe, eurent ordre de s'avancer ſur Malinès, avec les trois brigades d'infanterie de Piémont, d'Auvergne, & du Roi, qui fermoient la gauche. A leur aproche, cette Ville ſe rendit, & l'on y fit quelques priſonniers. Le Roi y fit ſon entrée quelques jours après. Il fut reçû par tous les Corps de la Ville, & conduit à l'Egliſe Métropolitaine, où le Cardinal Archevêque de la Ville lui fit le compliment ſuivant.

SIRE,

» Le Dieu des armées eſt auſſi le
» Dieu de miſéricorde. Tandis que
» Votre Majeſté lui rend des actions-
» de-graces pour ſes Victoires, nous
» lui offrons des Vœux pour les faire
» heureuſement ceſſer par une Paix
» promte & durable. Le Sang de Je-
» sus-Christ eſt le ſeul qui cou-
» le ſur nos Autels, tout autre nous
» allarme. Un Prince de l'Egliſe doit
» avoir

» avoir le courage d'avouer cette peur
» devant un Roi Très-Chrétien.

R É P O N S E   D U   R O I,

» M. l'Archevêque, vos Vœux font
» conformes à mes defirs, qui ne ten-
» dent qu'à porter mes Ennemis à la
» Paix. C'eft l'unique but de toutes
» mes démarches, & le fuccès que
» j'atends de mes éforts.

Sa Majefté féjourna fort peu à Malines; mais avant que d'en partir, elle fit avancer une brigade d'infanterie du corps du M. du Chayla, pour
occuper cette Ville. Cet Officier-Général reçut ordre en même-tems de
faire fommer le Commandant du Fort
Sainte Marguerite, qui aïant demandé les honneurs de la guerre, les ob-
tint par raport à la conféquence de
ce pofte.

On aprit que les Ennemis avoient
abandonné Anvers, ville des Païs-Bas
Autrichiens enclavés dans le Brabant,
avec le titre de Marquifât du St. Empire. Comme ils connoiffoient l'importance de cette Place, & qu'ils vou-
O 2　　　loient

loient en défendre toutes les aproches ; ils se firent des remparts de la Dyle & de la Nethe ; mais le Maréchal de Saxe n'eut pas plutôt levé tous les obstacles, que Lieres, Arschot, Herentals furent évacués. La Ville d'Anvers, abandonnée de sa garnison, ouvrit ses portes. Les brigades de cavalerie du Roi & d'Orléans, & celles d'infanterie d'Auvergne, Beauvoisis, Scedorff, & Bettens, suivies de 8. bataillons de Grenadiers-Roïaux, & d'un bataillon de Roïal-Artillerie, formérent la circonvallation de la Citadelle. M. le Comte de Clermont-Prince, à qui le Roi avoit confié la direction de ce Siége, marcha à leur tête. Il avoit sous ses ordres M. de Brézé Lieutenant-Général, & MM. de Thomé, Scedorff, d'Avarey, Froulay, la Vauguion, Duc d'Havré, la Peirouse, Choiseuil, la Marche, & d'Autane, Maréchaux-de-Camp. Les Ennemis qui avoient été tranquilles jusqu'alors, commencérent ce jour-là à tirer jusqu'au 31. que le Commandant de la Citadelle d'Anvers arbora le drapeau blanc, & la capitulation fut signée le

pre-

premier Juin. Elle portoit ; que la garnifon, uniquement compofée de détachemens Autrichiens, fortiroit avec les honneurs de la guerre, deux piéces de canon & un mortier, pour fe rendre à l'armée des Alliés. Le Commandant de la Citadelle s'engageoit en même-tems à livrer le Fort Sainte Marie, fitué fur la rive gauche de l'Efcaut, à l'opofite du Fort St. Philippes. Par cette conquête, tout le Brabant fe trouva réduit fous la domination du Roi. La Maifon du Roi qui étoit reftée jufqu'alors à Gand, s'avança dans les environs Dendermonde. Pendant tous ces différens mouvemens, on tint Confeil chez le Roi, pour fçavoir fi l'on iroit attaquer les Ennemis, qu'il paroiffoit vraifemblable que l'on battroit, atendu la fupériorité de l'armée du Roi. L'avis contraire prévalut, parce que l'on fçavoit que les Ennemis avoient fait travailler à des retranchemens le long des digues, derriére lefquelles ils pouvoient fe pofter & même y vivre long-tems, au moïen des fubfiftances que la Hollande pouvoit leur fournir. Et comme les environs de

O 3   Breda

Breda ne font que des bruïéres, l'on craignit d'intéreſſer la gloire du Roi, ſi cette affaire tirant en longueur, le défaut de vivres obligeoit le Roi de ſe retirer. Il fut donc réſolu que l'on ne marcheroit point aux Ennemis ; mais que cependant pour emploïer les troupes à quelque choſe d'avantageux, l'on feroit un gros détachement pour aſſiéger Mons, dont M. le Prince de Conty devoit faire le ſiége. Ce Prince y joignit un renfort de troupes de ſon armée.

La Capitulation d'Anvers ſignée, le Roi donna ordre au Duc de Boufflers de partir le 2. de Juin pour ſe rendre devant Mons. Les troupes qui de-voient le ſuivre, conſiſtoient en 17. bataillons & 21. eſcadrons, dont 16. eſcadrons devoient le joindre à Bru-xelles. M. de Monnin Lieutenant-Gé-néral, MM. d'Agueſſeau, Marquis de Muy, de Blet, Duc de Lauraguais & Deſtrehan, Maréchaux-de-Camp, fu-rent commandés pour ſervir à ce ſié-ge. La poſition de l'armée changea, par la priſe de la Citadelle d'Anvers. Elle marcha ſur ſix colonnes, & alla

apuïer

apuïer fur deux lignes ; fa droite au-
deffus d'Olleghem , fa gauche à En-
merfel. Les Carabiniers campérent en
réferve à la gauche.

On fit un mouvement, qui fut protégé par un gros détachement, qui fe
pofta au point du jour à Halle , aux
ordres de M. le Marquis de Beaufre-
mont. Le Régiment de la Morliére
fut envoïé le même jour à Gravenve-
zel , & les Volontaires de Saxe à Mer-
xem , avec quelques compagnies de
Grenadiers-Roïaux. Dans le même-
tems que l'armée fit fon mouvement,
le corps de M. de Berchiny s'avança
entre Santhouin & le Benard. M. le
Comte de Clermont-Prince eut dès
ce jour-là le Commandement de ce
corps-ci , auquel on joignit quatre
bataillons de la brigade d'Eu , & où
peu de jours après M. le Maréchal envoïa quatre piéces de canon.

Le Roi, qui fe trouvoit obligé de
quitter l'armée, en laiffa le Commandement à M. le Maréchal de Saxe. Il ne fe
paffa rien d'intéreffant, depuis le dé-
part de Sa Majefté jufqu'au fiége de
Mons , que des marches & des fourages,

rages, qui n'occasionnérent que quelques escarmouches.

On se disposa cependant à ouvrir la tranchée de Mons. M. le Prince de Conty, qui étoit chargé de la conduite de ce siége, s'y rendit le 7. Juin; & malgré le retardement que les pluies continuelles aportérent aux opérations, la tranchée fut ouverte le 24. du même mois, & les ataques furent dirigées & conduites avec tant d'intelligence & de capacité, que la garnison forte de 12. bataillons fut obligée de capituler le 10. Juillet suivant, & de se rendre prisonniére de guerre.

Voici les Articles que le Prince de Conty voulut bien accorder à la garnison.

» *I. La Ville sera renduë au pouvoir
» des troupes de France quatre jours
» après la signature de la Capitulation,
» ne pouvant se faire avant ce tems,
» pour prendre les arrangemens néces-
» saires.

La Ville sera renduë le 13. avant midi: les Généraux auront deux jours de plus.

„ II.

* Capitulation de Mons.

» II. Pendant ce tems il y aura une
» Suspension d'Armes & de toutes au-
» tres hostilités de part & d'autre, sans
» qu'on puisse avant ce terme avancer
» & travailler de part & d'autre.

On ne fera point d'autres hostilités ; mais on travaillera, de part & d'autre, jusqu'à la signature de la Capitulation.

» III. Tant que la garnison sera en
» Ville, les troupes de S. M. Très-
» Chrétienne n'ocuperont que l'exté-
» rieur d'une Porte de la Ville ; les au-
» tres resteront au pouvoir de sa gar-
» nison.

Les troupes Françoises ocuperont la Porte d'Havré intérieurement & extérieure-ment, & on aura soin d'empêcher que les soldats n'entrent dans la Ville, jusqu'au jour marqué pour l'évacuation de la Place.

» IV. La garnison Autrichienne de la
» ville de Mons, & toutes personnes
» militaires, seront prisonniers de
» guerre. A l'égard de Saint Guilain,
» le Commandant de cette Place étant
» soustrait par ordre de la Cour, dont
» il dépend directement, ne respecte-
» ra aucun ordre ou Capitulation for-
» mée sans son intervention, par le
Com-

» Comte de Nava ; ainsi ne pouvant le
» mettre en exécution, s'il permettoit
» l'évacuation de cette Place, S. A. S.
» comprendra l'impossibilité qu'il y a
» de s'y engager.

Convenu que la garnison & toutes per-
sonnes militaires seront prisonniers de guer-
re, & l'on n'exigera point la reddition de
la garnison de Saint Guilain.

» V. Ceux qui, selon le Cartel signé
» à Francfort le 18. Juillet 1743. ne
» sont pas sujets à être faits prisonniers
» de guerre, auront des Passe-ports
» pour leurs personnes, domestiques,
» & bagages, pour se retirer où bon
» leur semblera. Les Officiers de la
» garnison conserveront leurs équipa-
» ges, ainsi que les Bas-Officiers, Sol-
» dats, Dragons, & Hussarts, leurs ba-
» gages.

Pour donner aux Officiers de la garni-
son une preuve de l'estime qu'ils ont méri-
tée, ils garderont leurs équipages, avec la
permission & les moïens de les transporter
où bon leur semblera ; & il leur sera accor-
dé à cet éfet des Passe-ports d'ici au 15.
d'Août. Les bagages seront accordés aux
Soldats, Dragons & Hussarts.

» VI.

» VI. Celui qui sera chargé du soin
» des blessés & malades, pourra rester
» dans la Ville, avec les domestiques
» & équipages, Médecins, Chirur-
» giens, jusqu'à ce qu'ils soient entié-
» rement guéris de leurs maladies &
» blessures. Il leur sera donné un Pas-
» se-port & une escorte, pour se reti-
» rer à l'armée, ou ailleurs, à propor-
» tion de l'avancement de leur guéri-
» son, soit en petit ou en grand nom-
» bre, & en conséquence du Cartel de
» Francfort ci-dessus dit.

Les blessés resteront dans la Ville, & se-
ront soignés aux dépens de leurs Souve-
rains ; mais seront prisonniers comme les
autres. Il sera libre de leur laisser les Mé-
decins & les Chirurgiens nécessaires pour
leur guérison, lesquels Officiers de santé ne
seront point prisonniers. Le Cartel de
Francfort n'a jamais pû être apliqué aux
malades & blessés restés dans une Ville,
dont la garnison est prisonniére de guerre,
lesquels en suivent nécessairement le sort :
cependant les droits du Cartel seront ré-
servés, en tant qu'ils peuvent être vala-
bles dans la circonstance presente.

» VII. Tous les Officiers & Soldats,
» Hussarts,

» Huſſarts, Compagnies-Franches, &
» Canonniers bleſſés, ou malades, qui
» ne ſeront pas en état de ſortir avec la
» garniſon, pourront reſter dans la Pla-
» ce de Mons, & il leur ſera fourni les
» logemens, lits, vivres & médica-
» ments, aux frais des troupes de S.
» M. Très-Chrétienne, juſqu'à leur
» entiére guériſon, ainſi qu'on eſt ac-
» coutumé de les traiter & nourrir dans
» les Hôpitaux, & à meſure qu'ils ſe-
» ront en état de ſouffrir la voiture. Il
» ſera fourni *gratis* les voitures néceſ-
» ſaires, avec des Paſſe-ports pour être
» transportés avec ſûreté dans l'armée,
» ou dans la Place la plus voiſine, à
» leur choix.

Les malades & bleſſés reſteront dans la Ville, & ſeront ſoignés, & il leur en ſera tenu compte. Le nombre d'Officiers des troupes, proportionné à celui des ſoldats bleſſés ou malades, ſera laiſſé dans la Place, pour en avoir ſoin, & ſeront leſdits Officiers priſonniers de guerre.

» VIII. Tous les Officiers qui ne
» ſont pas de cette garniſon, ſeront
» libres.

Refuſé; ils ſeront priſonniers de guerre comme

comme la garnison, & l'état en sera fourni.

» IX. Il se fera un échange des Of-
» ficiers & soldats faits prisonniers,
» respectivement pendant la durée du
» siége.

*Les prisonniers faits sur la garnison
pendant le siége, suivront le sort de ladite garnison ; ceux qui ont été faits sur
les troupes du Roi, seront libres.*

» X. Il sera livré par les troupes de
» S. M. Très - Chrétienne 12. chariots
» couverts, qui entreront en Ville la
» veille de l'évacuation, & marche-
» ront sans que personne puisse en
» prendre connoissance.

Refusé.

» XI. Il sera permis à la garnison de
» tirer des vivres pour six jours.

*On fera fournir les vivres nécessaires,
& il en sera tenu compte.*

» XII. Toutes les femmes, enfans,
» & familles des Généraux, Officiers,
» Soldats, & autres, de quelque qua-
» lité & caractére qu'ils soient, pour-
» ront aussi sortir & se retirer avec
» leurs éfets, meubles & hardes, dans
» le terme de six mois, pour se reti-
» rer où bon leur semblera, & leur

Tome III.　　　　　P　　　　» sera

» fera dépêché des Paſſe-ports *gratis*
» & des eſcortes.

Accordé pour tout ce qui n'eſt pas mi-
litaire.

» XIII. En livrant la porte de Havré,
» on remettra de bonne foi au Com-
» miſſaire autoriſé pour cet éfet, tous
» les Magazins des vivres & muni-
» tions de guerre, ſans aucune ex-
» ception.

Convenu.

» XIV. Tous les meubles, équipa-
» ges, & autres éfets apartenants au
» Duc d'Aremberg, Grand Baillif de
» Hainaut, & Gouverneur de la vil-
» le de Mons, reſteront dans les en-
» droits où ils ſe trouvent aujour-
» d'hui, ſous la garde de ſes Officiers
» & domeſtiques prépoſés à cette fin,
» & on pourra les en retirer & les
» faire conduire dans tel lieu qu'il
» trouvera bon d'ordonner; à quel éfet
» on fournira les Eſcortes, Paſſe-ports,
» & Voitures néceſſaires.

Accordé, pourvû qu'il n'y ait ni ar-
mes ni munitions de guerre.

» XV. Le Directeur de la Poſte, &
» ſes Commis, ne ſeront inquiétés ni
» mo-

» moleftés en aucune façon au fujet
» de leur adminiftration, non plus
» qu'à l'égard d'autres Commiffions
» dont ils auroient pu être chargés;
» mais auront un terme de fix mois
» pour régler & ajufter leurs affaires,
» telles qu'elles puiffent être. Il leur
» fera dépêché des Paffe-ports *gratis*,
» pour fe rendre où bon leur femble-
» ra, avec leurs familles, meubles,
» éfets, papiers, argent, &c. fans être
» tenus ni obligés de païer aucuns
» droits de fortie, ni tels autres que
» ce puiffe être.

Accordé, fauf les Droits du Roi & des particuliers, pourvû qu'ils prennent leur parti d'ici au 15 d'Août.

» XVI. Il fera permis aux Généraux,
» Brigadiers, comme aux Directeurs
» & Ingénieurs, de fe retirer fur leur
» parole d'honneur, de même que
» tout ce qui dépend de l'Etat - Ma-
» jor, là où bon leur femblera, mu-
» nis de Paffe - ports, foit enfemble
» ou féparément.

» XVII. Les Généraux, l'Etat-Ma-
» jor, & toute la garnifon, feront ran-
» çonnés ou échangés, le plutôt qu'il

P 2   » fera

» fera poffible , fur le pié du Cartel
» arrêté à Francfort.

*Accordé pour la partie de la garnifon
que commande M. de Nava.*

» XVIII. On fournira en route les
» étapes *gratis* aux Officiers, Soldats,
» Compagnies-Franches, & Huffarts,
» de même qu'à ceux de l'artillerie,
» jufqu'au lieu de leur deftination,
» qui n'outrepaffera point le Païs de
» Flandres, & on les conduira par le
» chemin le plus court, & ne feront
» point de plus longues journées que
» de quatre lieuës par jour.

*Les routes feront les mêmes que font les
troupes Françoifes, & les étapes feront fournies, dont il fera tenu compte.*

» XIX. Les Soldats, Compagnies-
» Franches, & ceux de l'artillerie, ar-
» rivés dans leurs lieux de deftination,
» moïennant que les Officiers s'enga-
» gent pour leur rançon & échange fur
» le pié du Cartel, ne pourront être
» mis en prifon, mais joüiront d'une
» honnête liberté ; & pour cet éfet,
» on laiffera le foin de la difcipline aux
» Officiers defdits Corps.

Le Roi ordonnera de cet Article, & les
trai-

traitements précédemment faits doivent rassurer.

ADDITION A LA CAPITULATION.

» Il sera fourni un état exact des che-
» vaux de toutes les troupes à cheval ;
» & s'il y en a eu quelques-uns d'ache-
» tés ou d'échangés depuis le commen-
» cement du siége, ils seront rendus
» par les Officiers & Bourgeois qui les
» auroient achetés ou troqués.

Il sera laissé des Otages & donné cau-
tion, soit pour les dettes du fisc, soit pour
celle des troupes.

» Il sera formé un état des desordres
» que les troupes Autrichiennes pour-
» ront avoir fait dans les Villages Fran-
» çois, soumis aux contributions, qui
» en auront païé exactement les ter-
» mes, & il en sera tenu compte.

Pour donner à M. de Nava une preu-
ve d'estime pour sa personne & sa défen-
se, il sera toujours le maître, jusqu'à la
sortie de la garnison, de faire usage des
offres qui lui ont été faites, de n'être point
prisonnier de guerre & de pouvoir ren-
dre libre, à son choix, un Officier au-
dessus du grade de Colonel.

P 3

Aussi

» Auſſi-tôt l'échange & la Ratifica-
» tion faite, la Porte d'Havré ſera re-
» miſe au régiment de Navarre, qui
» en viendra prendre poſſeſſion. Fait
» au Camp devant Mons le 11. Juil-
» let 1746. *Accordé la preſente Capitu-*
lation, conformément à mes réponſes & ad-
dition. Signé, L. S. DE BOURBON.

Le Maréchal de Saxe aprit pendant
le ſiége de Mons, que le Prince Charles de Lorraine avoit joint l'armée des
Alliés, & l'on aſſuroit que ſon armée,
& la jonction des troupes qui l'avoient
précédé, alloient donner lieu à de grandes entrepriſes.

Pour éloigner davantage l'Ennemi
& protéger de plus près M. de Lowendal, le Comte de Clermont, avec
ſa réſerve, avoit eu ordre de s'avancer
à Dieſt, & de faire poſter les Graſ-
ſins entre M. de Lowendal & lui. Comme ce mouvement laiſſoit le poſte
d'Arſchot ouvert à l'Ennemi, l'on fit
rompre tous les ponts ſur la Dyle,
juſqu'à Malines, & l'on envoïa des
Partis dans les bois, entre Arſchot &
Louvain, pour contenir les Huſſarts,
dont quelques-uns avoient déja paru
ſur

fur la chauffée de Louvain à Malines ;
400. Volontaires de l'infanterie Françoife furent envoïés auffi dans la Fo-
rêt de Soignies, pour en chaffer les
Huffarts, qu'on affuroit s'y être em-
bufqués.

Sur l'avis que les Ennemis avoient
un gros Magazin de fourages à Haffelt, le Comte de Clermont y envoïa un détachement de Graffins, qui
aïant furpris 400. Huffarts dans un chemin creux, en prirent plufieurs, avec
quantité de chevaux.

Le grand objet de M. le Maréchal
étoit pour lors d'être inftruit à tems des
mouvemens des Ennemis, qui aïant
fait leur jonction dans les bruïéres de
Donderflach, entre Brey & Haffelt,
étoient campés fur le Demer, fur lequel ils avoient plufieurs ponts ; mais
il étoit difficile d'en avoir des nouvelles certaines, le Prince Charles aïant
pouffé fur la petite Gette toutes fes
troupes legéres, avec ordre de ne laif-
fer venir perfonne du côté des François, auffi n'eût-on avis que le 30.
au matin, que les Ennemis avoient
paffé le Demer, & qu'ils avoient fait
une

une si grande diligence, qu'ils campoient déja vers les Sources du Jar, du côté d'Hannut. Comme cette marche les mettoit dans le cas de se porter avant l'armée du Maréchal, au débouché des cinq Etoiles, poste intéressant pour la protection du siége de Charleroy, le Maréchal envoïa ordre au Comte de Clermont, qui s'étoit avancé à Spluiter de marcher à minuit pour aller sur Raumiroix, & à M. de Lowendal, qui avoit remonté la grande Gette, jusqu'à Dongelberg, de se porter sur la Tombe de Liberfart. Il donna ordre en même-tems que l'armée marcheroit à minuit pour occuper les hauteurs de Conroy, d'où après avoir fait une alte de deux heures, elle iroit camper à Valhem. Tous ces mouvemens se firent dans le plus grand ordre ; & malgré cette longue marche que l'armée fit sur cinq colonnes, les troupes arrivérent en état d'agir, si l'on en eût eu besoin.

M. le Prince de Conty, qui s'étoit déja rendu maître de la ville de Mons, comme on vient de le voir, chargea M. le Marquis de la Farre du siége de St. Guillain,

Guillain, pendant que le Prince se ré-
servoit celui de Charleroy, ville forte
des Païs-Bas Autrichiens, dans le Comté de Namur. S. A. conduisit le siége
si vivement, que cette Place, une des
plus fortes de cette Frontiére, ne soutint pas cinq jours de tranchée ouverte.

La position de l'armée Françoise
étoit si avantageuse, que les Ennemis
ne pouvoient déboucher que par le
poste des cinq Etoiles, dont M. le Maréchal s'étoit emparé. M. Trips s'y
presenta le premier d'Août, dans le
dessein de s'en emparer. Il l'attaqua
avec un gros d'infanterie & d'Hussarts ;
mais malgré le petit nombre de ceux
qui défendoient ce poste, les Ennemis
furent obligés de se retirer après un
feu de quatre heures. Les François y
perdirent quelques Officiers, & plusieurs soldats tués ou blessés.

M. le Maréchal étoit allé reconnoître le poste des cinq Etoiles une de-
mi-heure avant l'ataque. Il avoit ordonné à M. de Lowendal de venir occuper cette Trouée avec son corps de
troupes, & il s'étoit porté ensuite au-
delà d'Orbais: mais aïant entendu qu'on
tiroit

tiroit du côté des cinq Etoiles , il re-
vint sur ses pas , & soutint l'ataque , à
la tête du détachement qui l'avoit suivi pour son escorte , jusqu'à l'arrivée
de M. de Lowendal. A son aproche, les
Ennemis s'étant retirés , M. de Lowendal campa derriére la Trouée. Il fit en
même-tems travailler à des Redoutes,
qui masquoient les deux débouchés
& couvroient le front de son camp.

Le Général Trips , en venant ataquer le poste des cinq Etoiles , avoit
été arrêté à Pernes pendant quatre heures , par un Parti commandé par le Sr.
de Cürssol. Cet Officier s'étoit défendu avec tant de bravoure , que les Ennemis avoient été contraints de faire
marcher les Piquets de leur armée pour
prendre ce détachement , qui n'étoit
pourtant que de cent hommes , & qui
aïant été forcé à la fin dans une Eglise,
y fut quasi tout égorgé. Les Ennemis
vinrent camper ce jour-là , leur droite
vers le Mont Saint André , leur gauche
à la Méhagne.

On ne peut s'empêcher de blâmer
le Prince Charles de n'avoir pas pré-
cipité sa marche , pour s'emparer du
poste

poste des cinq Etoiles, puisque c'étoit
son dessein. A la guerre plus qu'ailleurs, la lenteur dans les opérations est
le pire de tous les partis ; & souvent
il seroit moins pardonnable de se déterminer mal, que de ne pas exécuter
promptement ce que l'on a résolu.

Ce Prince menaçoit cependant de
vouloir réparer sa faute, en faisant ataquer dans peu le poste des cinq Etoiles. M. le Maréchal renforça M. de
Lowendal, qui étoit chargé de le défendre, de deux bataillons de Grena-
nadiers-Roïaux, de la brigade d'infanterie d'Orléans, & de 20. piéces de
canon. Il donna en même-tems ordre
aux quatre brigades d'infanterie de la
droite de se porter aux cinq Etoiles,
dès que M. Lowendal en auroit besoin : mais ces précautions firent changer de dessein au Prince Charles ; &
sur la nouvelle que les Ennemis eurent que Charleroy s'étoit rendu aux
mêmes conditions que Mons, ils crai-
gnirent que les troupes qui avoient
servi à ce siége, se joignant aux autres, la partie ne fut plus égale. Ils
passérent la Méhagne , & prirent un
camp

camp de défensive, pour empêcher l'armée, s'il étoit possible, de pénétrer jusqu'à Namur, dont ils jugérent avec raison que le Maréchal méditoit le siége. Leur premier camp fut celui de Longchamp derriére Lornot, leur droite à la source de la Méhagne; quelques jours après, ils s'allongérent par leur gauche, qu'ils portérent jusqu'au Mazy.

Quoique les Ennemis eussent passé la Méhagne, ils avoient néanmoins laissé leurs troupes legéres vers le Mont Saint André. Ils le pouvoient sans crainte, atendu que leur droite étoit à portée de les protéger. Un détachement de 300 hommes du régiment de la Morliére, en aïant rencontré un de 400 des Ennemis près de Rochepaille, les défit entiérement. Il est vrai que quelques jours auparavant un petit détachement de ce même régiment, & une grande partie de la compagnie des Croates, aïant voulu sortir des bois & aller ataquer en plaine un corps de Pandoures, dont le feu les inquiétoient, subirent le même sort. Le Sieur de Lestang, Commandant de la compagnie

pagnie des Croates y fut tué ; & cette compagnie étant hors d'état de fervir, l'on la renvoïa à Gand pour s'y
récruter.

L'armée Françoife tiroit fes fubfiftances, ainfi qu'elle l'avoit toujours
fait, de Louvain & de Bruxelles. La
néceffité d'en établir la fûreté, engagea M. le Maréchal à faire partir du
camp deux détachemens, dont l'un
du corps de M. de Lowendal, aux ordres de M. d'Armentiéres ; l'autre du
corps de M. de Clermont, aux ordres
de M. de Froulay. Ces deux Officiers
devoient fe réunir à un certain point,
pour fe porter enfemble par Iudoigne,
fur Tirlemont, & de-là fur Louvain.
Ils devoient, au cas que les Ennemis
fuffent à l'Abbaïe de Ramey, ainfi
qu'on le difoit, les ataquer. Le détachement de M. de Froulay fortoit à
peine du camp, qu'il rencontra un
corps d'Huffarts fort fupérieur, qui l'a-
taqua vivement ; mais l'arrivée de M.
d'Armentiéres obligea les Ennemis à
fe retirer.

Le mouvement des Ennemis en
avoit occafionné dans l'armée du Maréchal.

réchal. Elle avoit porté sa droite à la hauteur de Gemblours, sa gauche vers la Trouée des cinq Etoiles, Lornot devant elle. On établit des postes le long, & même de l'autre côté de cette riviére.

Après ce mouvement, M. le Maréchal de Saxe se rendit chez M. le Prin- de Conty, afin de concerter les dispositions prochaines pour déposter l'Ennemi du camp de Mazy ; camp inattaquable de vive force, & fameux dans l'Histoire par les grands Généraux qui l'ont pris. Ces arrangemens, faits entr'eux, M. le Prince de Conty, qui avoit demandé au Roi la permission de s'en retourner, partit pour la Cour, & son armée vint s'incorporer dans celle du Roi.

Le Roi en partant des Païs-Bas, avoit fait espérer à M. le Maréchal de Saxe qu'il ne tarderoit pas à revenir ; mais plusieurs raisons, qui ne sont pas de mon sujet, empêchérent le Monarque de quitter Versailles.

Ce fut dans le mois de Juillet qu'il fit sçavoir à M. le Maréchal qu'il ne retourneroit plus à l'armée.

On

On aprit dans le même - tems, que le 9. du mois de Juillet de l'année 1746. Philippes de France, Roi d'Espagne, cinquiéme du nom, étoit mort subitement au Palais de Buen Retiro, dans la quarante-sixiéme année de son régne. Il étoit âgé de 62. ans 6. mois & 20. jours, étant né le 19. Décembre 1683. Il étoit le second fils de Louïs Dauphin, & de Marie-Anne de Baviére, & oncle de Loüis XV. Roi de France. Ce Prince portoit le nom de Duc d'Anjou, lorsqu'il succéda à Charles II. dans la Monarchie d'Espagne. Etant parti de Versailles le 4. Décembre 1700. pour venir prendre possession de la Couronne, il arriva à Madrid le 18. Février de l'année suivante, & il fut proclamé Roi sous le nom de Philippes V. dans tous les Païs de la Monarchie. Pendant quelques années, il ne put jouir paisiblement de ses Etats, & il eut une vive guerre à soutenir, pendant laquelle la fortune se déclara quelquefois pour son compétiteur Charles Archiduc d'Autriche, second fils de l'Empereur Léopold. Mais ce Prince aïant été apellé à l'Em-

Q 2

pire

pire après la mort de son Frére Joseph;
Philippes V. sut reconnu Roi d'Espagne & des Indes, par la Grande-Bretagne & par la Hollande en 1713. &
par l'Empereur Charles VI. en 1725.
le 15. Janvier de l'année précédente.
Il avoit abdiqué la Couronne en faveur de son Fils Loüis, Prince des As-
turies, & s'étoit retiré au Château de
St. Ildefonse; mais le jeune Roi étant
mort quelques mois après, Philippes V.
reprit le Gouvernement de cette Monarchie. Il avoit été marié en 1701.
à Marie-Louise-Gabrielle de Savoïe,
Fille du feu Roi de Sardaigne, Vic-
tor Amédée, née le 17. Septembre
1688. & morte le 14. Février 1714. &
dans la même année il épousa en se-
condes Nôces Elizabeth Farnése, Fille
d'Edouard Farnése II. Duc de Parme
& de Plaisance, née le 25. d'Octobre
1692. De son premier Mariage il a
eu Loüis I. Roi d'Espagne & des Indes, né à Madrid le 25. Août 1707.
mort dans la même Ville le 31. Août
1724. Dom Philippes Infant d'Espagne, né le 2. Juillet 1702. & mort le
8. du même mois; Dom Philippes,
Pierre-

Pierre-Gabriel Infant d'Efpagne, né le 7. Juin 1719. mort le 29. Décembre 1719. & Ferdinand, né le 23. Septembre 1713. qui, par la mort des Princes fes Fréres aînés, étant devenu Prince des Afturies, a fuccédé à la Couronne, fous le nom de Ferdinand VI. Philippes V. laiffa de fon fecond Mariage, Dom Carlos, Roi des deux Siciles, né le 20. Janvier 1716. Philippes Infant, né le 15. Mars 1720. Loüis-Antoine-Jâques Infant, Cardinal, Archevêque de Toléde & de Séville, né le 25. Juillet 1727. Marie-Anne-Victoire Infante, née le 30. Mars 1718. mariée le 19. Janvier 1729. au Prince de Brefil ; & l'Infante Marie-Antoinette-Ferdinande, née le 17. Novembre 1729. l'Infant Dom François, né du même mariage le 21. Mars 1717. eft mort le 25. du mois d'Avril fuivant. Le zèle de Philippes V. pour la Religion, & fon attachement pour l'obfervation de tous les devoirs qu'elle prefcrit, la fermeté héroïque & Chrétienne, qu'il a fait éclater dans les plus grandes adverfités, & les preuves qu'il a données de fon intrépidité dans les oc-

Q 3 cafions

cafions les plus périlleufes , particu-
liérement dans les batailles de Luzara
& de Villa Viciofa , l'ont fait cftimter
de toute l'Europe. La tendreffe pater-
nelle qu'il a témoigné conftamment
pour fes Sujets ; fon atention conti-
nuelle à procurer leur bonheur & leur
repos , autant que les circonftances
l'ont permis ; fon amour pour la juftice , & l'exactitude avec laquelle il
a fait obferver les Loix ; la fageffe des
Réglemens qu'il a fait pour protéger &
pour augmenter le commerce ; & le
grand nombre d'établiffemens , dont
les Sciences & les Arts lui font rede-
vables , rendront à jamais fa mémoire chére à l'Efpagne.

Quelques jours après la mort du
Roi, on fit l'ouverture de fon Tefta-
ment , qui étoit fait depuis l'année
1724. Il portoit que Sa Majefté laif-
foit à la Reine fon époufe le Palais de
St. Ildefonfe en propre pendant fa vie ,
avec tous les meubles & tableaux ; &
qu'outre les deux cent mille ducats ,
qu'il eft d'ufage d'accorder aux Rei-
nes Douairiéres pour leur fubfiftan-
ce , il ordonnoit qu'il feroit païé à la
Reine

Reine fon époufe fix cent mille piaf-
tres de penfion, qui lui feroient affi-
gnés fur les revenus les plus clairs du
Roïaume, & que le tout lui feroit
païé par *mézardés*; c'eft-à-dire, de
mois en mois. Par un Codicile, ajou-
té en 1727. le Roi a ratifié ledit Tef-
tament, & ordonné qu'il fera libre à
la Reine, au cas qu'elle ne veuille
pas vivre à St. Ildefonfe, de choifir
tel autre lieu du Roïaume qu'il lui
plaira pour y faire fa réfidence, fans
que qui que ce foit puiffe s'y opofer ; & que fi cette Princeffe avoit
envie de vivre hors du Roïaume de
la domination d'Efpagne, elle pourra
le faire librement, & qu'on lui fera
toucher par tout fes penfions, recom-
mandant de plus au Roi fon Succef-
feur, d'avoir pour elle tous les égards
poffibles, & de prendre les confeils
de cette Princeffe, & déclarant devant Dieu s'être toujours bien trouvé
de ceux qu'elle lui avoit donnés. Il
y étoit dit auffi, que Sa Majefté vouloit, qu'après fa mort fon corps ne
fut embaumé qu'après 48. heures, &
de-là porté à l'Eglife de St. Ildefonfe,
pour

pour y rester en dépôt jusqu'au décès de la Reine son épouse, afin d'être mis ensuite leurs corps chacun dans un tombeau de marbre blanc, qui seroient placés au milieu de ladite Eglise.

La Proclamation du Roi Ferdinand VI. se fit le lendemain de la mort du feu Roi son Père. C'est la seule cérémonie que l'on fasse pour les Rois d'Espagne; parce que, disent les Auteurs Espagnols, ils naissent Rois, & qu'il n'est pas besoin du Sacre ni du Couronnement, pour réveiller la fidélité & l'obéissance de leurs sujets.

Le six du mois d'Août suivant mourut assés subitement aussi Chrétien VI. Roi de Dannemarck, qui depuis quelques mois s'étoit retiré dans l'Isle d'Hirscholm, pour y prendre plus tranquilement & plus commodément des remédes que lui ordonnoit un Médecin d'Hanovre pour le rétablissement de sa santé. Ce Prince étoit dans sa quarante-septiéme année, étant né le 30. Novembre 1699. Il étoit monté sur le Trône le 30. Octobre 1731. ainsi il a régné 15. ans 9. mois & 6. jours.

Il

Il avoit épousé le 7. d'Août 1721. la Princesse Sophie-Madelaine de Bran-debourg Culmbach Bareith. Il a laissé de ce mariage, 1. son fils aîné, qui lui succéde, sous le nom de Frédéric V. né le 31. Mars 1723. Marie-Loüise, Princesse de la Grande-Bretagne, dont il a un fils & une fille, 2. une Princes-se, nommée Loüise, née le 19. Oc-tobre 1726. & qu'on disoit destinée pour le Duc de Cumberland. Chré-tien VI. étoit le onziéme Roi de Dan-nemarck, de la Maison d'Oldenbourg.

L'on reçut quelques jours après la nouvelle de la mort de Joseph-Marie de Gonzague Duc de Guastalla, ar-rivée le 16. du mois d'Août 1746. âgé de 56. ans 3. mois 26. jours, étant né le 20. Avril 1690. Il étoit fils de Vin-cent sixiéme Duc de Guastalla, & ré-gnoit depuis le 29. Avril 1729. qu'il avoit succédé à son frére Antoine Fer-dinand, mort sans héritier. Il avoit épousé Marie - Eleonore de Holstein Wissenbourg, dont il ne laissa point aus-si d'enfans, enforte que cette branche de la Maison de Gonzague est étein-te avec lui. Il y avoit treize ans que
la

la Duchesse, épouse de ce Prince, étoit chargée de la Régence du Païs, à cause de la situation facheuse où se trouvoit le Duc, qui étoit hors d'état de prendre connoissance d'aucune affaire, & qui ne signoit aucune expédition. Son esprit avoit tellement baissé pendant les derniéres années de sa vie, qu'on ne voïoit plus paroître ce Prince en public, & qu'il demeuroit renfermé, avec quelques domestiques, dans un pavillon de son Palais.

La Maison de Gonzague des Ducs de Mantouë, a formé cinq Branches. 1°. Celle de Mantouë. 2°. Celle de Novellara. 3°. Celle de Sabionetta. 4°. Celle de Castiglione. 5°. Celle de Guastalla. La premiére est éteinte en Charles IV. mort en 1708. La seconde en Camille, mort en 1723. La troisiéme, en Jean-François, mort en 1703. Et la cinquiéme, par la mort du dernier Duc; ensorte qu'il ne reste que celle de Castiglione en la personne du Prince Louis, qui prétendroit peut-être hériter de Guastalla, comme Vincent de Guastalla hérita en 1708. de Sabionetta & Bozzolo. Mais
tout

tout ce différend vient d'être terminé
par le Traité général & définitif de Paix,
conclu à Aix-la-Chapelle le 18. Octobre
1748. entre les Rois de France, d'Angleterre, & d'Espagne, l'Impératrice Reine
de Hongrie & de Bohême, le Roi de
Sardaigne, les Etats-Généraux, le Duc
de Modène, & la République de Génes. L'Article VII. de ce Traité porte,
» Qu'en considération des restitutions
» que S. M. Très-Chrétienne, & S.
» M. Catholique, font par le présent
» Traité, soit à S. M. l'Impératrice
» Reine de Hongrie & de Bohême,
» soit à S. M. le Roi de Sardaigne, les
» Duchés de Parme & de Plaisance,
» & de Guastalla, apartiendront à l'a-
» venir au Sérénissime Infant Don Phi-
» lippes, pour être possédés par lui,
» & ses descendans mâles en légitime
» mariage, en la même manière &
» dans la même étenduë qu'ils ont été,
» ou ont dû être possédés par les pre-
» sens possesseurs. Et ledit Sérénissi-
» me Infant, ou ses descendans mâ-
» les, jouiront desdits trois Duchés,
» conformément & sous les conditions
» exprimés dans les Actes de Cession
» de

» de l'Impératrice Reine de Hongrie
» & de Bohême, & du Roi de Sardai-
» gne.

Ces Actes de Cession de l'Impératrice Reine de Hongrie & de Bohême, & du Roi de Sardaigne, feront remis, avec leurs Ratifications du prefent Traité, à l'Ambaſſadeur Extraordinaire & Plénipotentiaire du Roi Catholique; de même que les Ambaſſadeurs Extraordinaires & Plénipotentiaires du Roi Très-Chrétien & du Roi Catholique remettront, avec les Ratifications de Leurs Majeſtés, à celui du Roi de Sardaigne, les ordres aux Généraux des troupes Françoiſes & Efpagnoles, de remettre la Savoïe & le Comté de Nice aux perſonnes commiſes par ce Prince à l'éfet de les recevoir; deforte que la reſtitution deſdits Etats & la priſe de poſſeſſion des Duchés de Parme, de Plaiſance & de Guaſtalla, par, ou au nom du Séréniſſime Infant Don Philippes, puiſſe s'effectuer dans le même-tems, conformément aux Actes de Ceſſion dont la teneur s'enfuit.

L'Acte de Ceſſion de l'Impératrice
Reine,

Reine, conçû en langue Latine, raporte l'Article IV. des Préliminaires,
qui porte que » Les Duchés de Parme,
» de Plaifance & de Guaftalla, feront
» cédés au Séréniffime Infant Dom Phi-
» lippes, pour lui tenir lieu d'établif-
» fement, avec le Droit de Réverfion
» aux prefens Poffeffeurs, après que
» S. M. le Roi des deux Siciles aura
» paffé à la Couronne d'Efpagne, ain-
» fi que dans le cas où le dernier Séré-
» niffime Infant viendroit à mourir
» fans enfans.

Le même Acte de Ceffion du Roi de
Sardaigne eft en langue Italienne, & ré-
péte le fufdit Article.

Voici la Ceffion de l'Impératrice
Reine de Hongrie & de Bohême, à
laquelle je joins celle du Roi de Sardaigne.

» MARIE-THERESE, par la
» grace de Dieu, Reine de Hongrie &
» de Bohême, Impératrice des Ro-
» mains, &c. Sçavoir faifons par les Pre-
» fentes ; qu'afin de terminer cette fu-
» nefte guerre, les Miniftres Plénipo-
» tentiaires du Séréniffime & Très-
» Puiffant Prince Georges II. Roi de

» la Grande-Bretagne, & du Sérénif-
» sime & Très-Puissant Prince Louis
» XV. Roi Très - Chrétien ; comme
» aussi les Hauts & Puissans Seigneurs
» les Etats-Généraux des Provinces-
» Unies, sont convenus le 30. Avril
» de la présente année de certains Ar-
» ticles Préliminaires, lesquels ont en-
» suite été acceptés & ratifiés par tous
» les Princes qui y sont intéressés ;
» & comme il s'en est ensuivi un Trai-
» té général & définitif de Paix, dont
» les Articles expriment les divers
» Chefs concernant cette matiére, &
» lesquels ont pareillement été accep-
» tés d'un consentement unanime par
» tous ceux qui y ont intérêt ; c'est
» pourquoi, & afin de satisfaire à ce
» à quoi nous sommes obligés par les
» presens Articles; comme aussi dans
» la ferme espérance que les Rois Très-
» Chrétien & Catholique, ainsi que le
» futur Possesseur des trois Duchés,
» & ses Descendans mâles, rempliront
» de bonne foi la teneur des Articles
» ci-devant mentionnés , & que les
» Etats & Places qui doivent nous être
» rendus, en vertu des Articles II. &
» XVIII.

» XVIII. des Préliminaires, nous fe-
» ront reftitués d'un pas égal, tant
» pour nous que pour nos Succeffeurs,
» aux conditions ftipulées dans les Ar-
» ticles mentionnés ; nous cédons &
» nous renonçons à tous droits, ac-
» tions, & prétentions qui peuvent
» nous compéter, fous quelque titre,
» & pour quelque caufe que ce puif-
» fe être, far les fufdits trois Duchés
» de Parme, de Plaifance, & de Guaf-
» talla, par nous ci-devant poffédés;
» lefquels droits, actions, & préten-
» tions, nous transférons dans la meil-
» leure & la plus folemnelle forme qu'il
» fe puiffe, au Séréniffime Infant d'Ef-
» pagne Dom Philippes, ainfi qu'à fes
» Defcendans mâles, nés d'un légiti-
» mé mariage. Nous abfolvons géné-
» ralement tous les habitans des fuf-
» dits Duchés du Serment qu'ils nous
» ont prêté : bien entendu qu'ils ne fe-
» ront tenus de le prêter à ceux à qui
» nous cédons nos Droits, que dans
» le cas où le fufdit Séréniffime Infant
» Dom Philippes, ou quelqu'un de fes
» Defcendans, n'auroit pas monté au
» Trône des deux Siciles, ou à celui
R 2　　　» d'Ef-

» d'Espagne : & nous nous réfervons
» bien expreffément, tant pour nous
» que pour nos Succeffeurs, tous les
» droits, actions & prétentions qui
» nous ont compété ci-devant fur ces
» Duchés, ainfi que le Droit de Réver-
» fion, dans le cas où le fufdit Infant
» pourra venir à mourir fans enfans
» mâles, &c.

» CHARLES EMMANUEL III.
» par la grace de Dieu, Roi de Sardai-
» gne, &c. Le defir que nous avons de
» contribuer de notre part au promt
» rétabliffement de la tranquillité pu-
» blique, nous a engagé d'accéder aux
» Articles Préliminaires, fignés le 30.
» Avril dernier, entre les Miniftres de
» S. M. Britannique, de S. M. Très-
» Chrétienne, & des Seigneurs Etats-
» Généraux des Provinces-Unies, ainfi
» que nous l'avons fait le 31. May, au
» moïen de notre Plénipotentiaire.
» Quant à ce que nous devons accom-
» plir de notre part, en conféquence
» defdits Préliminaires, particuliére-
» ment pour ce qui regarde l'exécu-
» tion de l'Article IV. defdits Prélimi-
» naires, en vertu duquel les Duchés
» de

» de Parme, de Plaisance, & de Guaf-
» talla, doivent être cédés au Sérénif-
» sime Prince Dom Philippes d'Efpa-
» gne, pour lui tenir lieu d'établiffe-
» ment, avec le Droit de Réverfion aux
» prefens Poffeffeurs, dès que S. M.
» le Roi des deux Siciles fera montée
» fur le Trône d'Efpagne, ou que le
» fufdit Infant vint à mourir fans en-
» fans mâles; nous renonçons, en ver-
» tu du prefent Acte, cédons & tranf-
» portons, tant pour nous, que pour
» nos Succeffeurs, au fufdit Séréniffi-
» me Infant Dom Philippes, & à fes
» enfans mâles, nés d'un légitime ma-
» riage, la ville de Plaifance, & le
» Plaifantin, par nous poffédés, pour
» qu'il en puiffe jouir en qualité de
» Duc de Parme; renonçant pour cet
» éfet à tous les droits, actions & pré-
» tentions qui nous compétent à cet
» égard; & nous réfervant néanmoins,
» bien expreffément, tant pour nous
» que pour nos Succeffeurs, le Droit
» de Réverfion dans le cas ci-deffus
» mentionné, &c.

On verra à la fin de cet Ouvrage
tous les Actes qui pourront avoir ra-

R 3　　port

port à la Paix actuelle. Je n'ai cru devoir extraire ceux-ci, que par raport à la possession du Duché de Guastalla. Je crois en avoir dit suffisamment sur cet Article. Je reviens aux opérations de l'armée d'Italie.

* Les affaires avoient bien changé de face en Italie, pour les François, les Espagnols & leurs Alliés : depuis le mois de Décembre 1745. tout se tournoit à leur desavantage. Le 13. Janvier 1746. le Marquis de Castelar, Lieutenant-Général des troupes Espagnoles, fit occuper par des détachemens la ville de Guastalla ; & les habitans des Villes & Bourgs des environs envoiérent leurs Députés au Comte Caraffe, que le Marquis de Castelar avoit laissé à Guastalla, pour se soumettre à Sa Majesté Catholique. Mais au mois de Mars de la même année, le Comte de Brown, Général des troupes Autrichiennes, se presenta devant Guastalla, où après avoir fait occuper par ses troupes différens postes dans les environs, pendant qu'il faisoit

dresser

______
* Affaires d'Italie.

dreſſer ſes batteries, il aprit que le Marquis de Caſtelar venoit au ſecours avec 3000. hommes ; ſur le champ il détacha le Comte Nadaſty avec un corps ſupérieur, ce qui donna lieu à une action très-vive. Les Eſpagnols, après avoir combattu avec beaucoup de valeur, furent obligés de ſe retirer : on les pourſuivit ; mais on ne put pas les inquiéter beaucoup dans leur marche. Le Comte Caraffe, qui commandoit dans Guaſtalla, ſe voïant ſans eſpérance de ſecours, arbora le drapeau blanc, & ſe rendit priſonnier de guerre, avec ſa garniſon, le 27. Mars.

Le même jour le Château de Cazal ſe rendit aux Autrichiens, & la garniſon fut faite priſonniére de guerre. Dès le cinq Mars de la même année, M. de Montal, qui commandoit dans Aſti, avoit été obligé de ſe rendre priſonnier de guerre au Roi de Sardaigne, qui en avoit formé l'inveſtiſſement. Ce Prince fit faire le ſiége de Valence par le Général Leutrum. Sur l'avis que M. de Maillebois vouloit ſecourir la Place, le Général preſſa le ſiége, & fit pouſſer les travaux ſi vivement,

vement, que le 4. May les Assiégés voïant qu'on alloit donner l'assaut au corps de la Place, arborérent le drapeau blanc.

Les Ennemis aïant apris que le Maréchal de Maillebois avoit reçû ordre d'aller rejoindre l'armée de Dom Philippes & qu'il avoit abandonné Novi, le Roi de Sardaigne passa le Tanero & exigea de cette Ville des contributions considérables.

D'un autre côté, le Comte de Brown pressoit vivement le Château de Parme, dont il fit la garnison prisonniére de guerre. Le Marquis de Castelar, qui commandoit dans la Ville, sauva la garnison qui étoit de 5000. hommes.

Les Ennemis mêmes ont été forcés de donner des éloges à la retraite de ce brave Officier, & la Cour d'Espagne a cru devoir le récompenser par la Charge de Capitaine-Général de ses Armées.

Ce fut la nuit du 19. au 20. Avril, que le Marquis de Castelar partit de Parme avec les troupes qui y étoient, sous ses ordres, à l'exception de 500. hom-

hommes qu'il laiffa dans la Citadelle,
fous le commandement de Dom Charles Lau Franchini, Lieutenant-Colonel du régiment de Flandres. Il for-
tit par la Porte de St. Michel, pour
aller au lieu nommé Torre Malazza-
no, laiffant à fa gauche Monte Chi-
rugolo, que les Autrichiens avoient
déja occupé. Il avoit partagé fes troupes en divers petits Corps ou Piquets,
dont quelques-uns compofoient l'a-
vant-garde, aux ordres du Brigadier
Don François-Bucareli ; les autres
étoient au centre, & le refte étoit à
l'arriére-garde, fermée par le Brigadier Marquis de Touein. Les Fufe-
liers s'étoient partagés entre l'avant-
garde & l'arriére-garde.

Dans cette difpofition, on commença la marche, & on la continua
jufqu'à un mille & demi de diftance,
fans que les Ennemis s'en aperçuffent ;
mais Bucareli, qui étoit à l'avant-garde, y fut arrêté par une grande coupu-
re, & par un Parti d'infanterie & de cavalerie que les Autrichiens avoient de
l'autre côté. Après qu'on eut aplani
le chemin, avec beaucoup de travail
&

& ouvert le paſſage à quelques compagnies de Grenadiers ; ceux-ci ſurmontérent cet obſtacle la baïonnette au bout du fuſil, ſans tirer, & firent priſonniers un Sergent & trois Huſſarts. Les Ennemis aprirent par-là les premiéres nouvelles de cette ſortie, & les Eſpagnols ne tardérent pas de s'en apercevoir ; car leur arriére-garde fut ataquée par les Autrichiens, qui commencérent à gagner les hauteurs des deux côtés, de maniére que les Eſpagnols, furent obligés de combattre par tout. Pendant ce tems-là l'arriére-garde gagna le Village de Torre Mulazzano ; mais elle fut ſéparée du reſte des troupes, qui firent des efforts extraordinaires pour ſe rendre à ce Village où elles arrivérent après 20. heures d'un feu continuel & 27. de marche. Le Colonel Dom Joſeph Dupont y fut tué, avec pluſieurs autres Officiers & Soldats.

Les Eſpagnols ſéjournérent le 31. à Mulazzano, & la nuit ſuivante ils ſe remirent en marche pour gagner Pont Remoli, par Arbazano. Bucareli, qui conduiſoit l'avant-garde, avertit

tit le Marquis de Caſtelar, que les Autrichiens les avoient prévenus & oc-
cupoient déja les hauteurs ; ſur quoi
ce Général conſidérant que l'arriére-
garde ne pourroit pas être bien loin
de Mulazzano, & que ſi on laiſſoit lieu
aux Ennemis de s'emparer d'un camp
ſi avantageux, il ne lui reſteroit aucune reſſource, prit le parti d'y retourner, & rapella Bucareli.

Les Eſpagnols achevérent ce jour-
là le pain qu'ils avoient aporté de Parme. Les munitions de guerre étoient
beaucoup diminuées par le feu continuel qu'ils avoient fait. On ne voïoit
par tout que des montagnes toutes nuës
& environnées d'Ennemis de tous côtés. Dans cette extrémité, le Marquis de Caſtelar prit la réſolution de
prendre le chemin de Caſtelnovo, &
l'exécuta la nuit du 22. au 23. Ses
troupes défilérent ſur 2. colonnes, par
les villages de Sibiano & de Niviano,
& marchérent trois heures ſans trouver
d'obſtacles.

Il n'y eut ce jour-là qu'une rencontre à l'arriére-garde, qui fut vive de la
part des Huſſarts, Waradins, & Croates,

tes, au paſſage du Ruiſſeau ; mais par les bonnes diſpoſitions du Marquis de Caſtelar, elle le traverſa heureuſement, & vers le ſoir toutes les troupes ſe rejoignirent à Caſtelnovo, où elles repoſérent cette nuit. Le Brigadier Dom Pedro Zevallos ſut détaché le 25. avec 10. compagnies de Grenadiers & 100. chevaux, vers le Village de Culana, qui étoit à onze milles, pour y chercher des vivres.

Dom Pedro Zevallos alla à Cerreto, de Naples. Les troupes paſſérent la Secchia, près de ce Village, ſur un pont de bois, nonobſtant les éforts que firent les Ennemis pour s'y opoſer.

Le 26. on entra dans la Toſcane par Salalva, où les troupes paſſérent la nuit le lendemain. En ſortant de ce Village, elles furent attaquées avec plus de forces que jamais ; mais le Marquis de Touein, qui s'étoit poſté ſur les hauteurs, avec le régiment d'Eſpagne, & quelques Grenadiers & Piquets, repouſſa les Autrichiens, & donna le tems aux troupes de défiler le ſoir. Les Ennemis qui avoient abandonné le Pont de Soliéra, par où il

ſalloit

falloit paffer, tombérent fur l'arriére-
garde.

Les Grenadiers défefpérés de fouf-
frir fi long-tems, & n'aïant plus de
munitions, fondirent fur les Ennemis
le fabre à la main, & en tuérent 150.
fans accorder de quartier. Après cette action, les troupes, qui en fortant
de Salalva, n'avoient que pour un demi jour de pain, dont la plus grande
partie n'étoit que de farine de cha-
taignes, continuérent leur marche jufqu'à Sarzane, d'où elles fe rendirent
à Porto-Specie. Les Efpagnols perdirent 2000. hommes dans cette action.
Après que le Marquis de Caftelar eut
pris à Porto-Specie toutes les munitions qui lui étoient néceffaires, il
continua fa route vers Robbio, fur la
Trébia, & de-là il vint joindre le
Comte de Gages à Plaifance.

Dans le tems que les Efpagnols
abandonnoient Parme, les Piémontois
ouvroient la tranchée devant Valence. Le 21. ils commencérent d'y jetter des bombes, & le 24. ils firent
jouer une batterie de 7. canons. Le
26. ils en achevérent une autre; & le

28. Ils avancérent leurs travaux jusqu'au chemin couvert, dont ils s'emparérent le 29. Ils battirent ensuite la Place en bréche, & continuérent jusqu'au 2. du mois de May, que le Commandant fit arborer le drapeau blanc.

Voici la Capitulation que M. de Leutrum accorda à la garnison.

» I. Le Gouverneur de Valence de-
» mande de sortir par la bréche, avec
» toute la garnison armée ; ensuite al-
» ler où bon lui semblera, avec ses
» drapeaux déploïés, tambour battant
» & 24. cartouches chaque soldat. Les
» soldats aussi ne seront point fouillés.

La garnison, avec M. le Gouverneur, sortira armée par la bréche, où elle quittera les armes, à l'exception de 50. soldats par bataillon, qui auront leurs armes pour accompagner leurs drapeaux, laquelle garnison s'oblige à ne point servir pendant l'espace d'une année contre le Roi de Sardaigne & ses Alliés. La susdite garnison sera obligée de prendre le chemin de Novi, par la route de Tortone, & elle sortira demain après-dîner ; & dès ce moment, le susdit Gouverneur remettra deux

Portes

Portes de la Ville, qui seront occupées par quatre Compagnies de Grenadiers.

» II. Que les Officiers de la garni-
» son, Vivandiers, & tous les atirails,
» ne seront point fouillés, ni inquié-
» tés en rien, ni armes, ni bagages,
» chevaux & mulets, &c. avec lesquels
» ils passeront librement, aussi - bien,
» que les Commissaires & Emploïés,
» le même pour tous les équipages
» des troupes Françoises.

Cet Article est accordé en plein, puisqu'on fait la guerre aux braves gens, & non aux équipages.

» III. On demande tous les Maga-
» zins Espagnols & François.

Les Magazins tomberont au bénéfice du Roi de Sardaigne.

» IV. L'on demande le pain pour
» quatre jours, pour toute la troupe.

» V. Il ne sera point permis d'obli-
» ger ni de reprendre aucun déserteur
» du Roi de Sardaigne, ni de ses Al-
» liés, & autres personnes qui se trou-
» vent dans la garnison.

L'on ne violentera point les déserteurs ; mais s'ils veulent venir de bonne volonté, ils seront reçus.

S 2

» VI.

» VI. L'on fera fournir les beftiaux
» néceffaires , dont la garnifon aura
» befoin , pour finir fa marche jufqu'à
» Novi.

Accordé , pourvû que l'on païe au prix ordinaire.

» VII. Les Hôpitaux d'Efpagne &
» de France qui refteront dans la Pla-
» ce , on leur fournira le néceffaire,
» auffi - bien qu'à ceux qui refteront
» pour les affifter.

Accordé ; mais toujours en païant.

» VIII. Les équipages qui refteront
» dans la Place , feront rendus à leurs
» Maîtres , qui les demanderont , &
» ne feront touchés en rien.

Accordé auffi.

» IX. Les Officiers , bleffés , & ma-
» lades , on les laiffera dans leurs lo-
» gemens , fans les inquiéter.

» X. Les Officiers & Soldats pris ce
» matin dans les redoutes jouiront de
» cette même Capitulation. Nous ren-
» drons libre le Capitaine Féche , pris
» ces jours paffés.

Accordé.

» XI. L'on demande qu'on ne fera
» point inquiété en route , & qu'on
» four-

» fournira tout le néceſſaire, pour vi-
» vres, fourages ; le tout en païant au
» prix courant, & les logemens *gratis.*
*Accordé, pourvû toujours qu'on païe,
& le logement ſera gratis.*
» Fait à Valence du Pô le 2. du
» mois de May 1746. *Signé,* BARON
» DE LEUTRUM.
» Le Comte de Galean, ſelon le
» Plein - Pouvoir donné par ſon Ex-
» cellence M. le Baron de Leutrum,
» j'ai traité, conclu & ſigné, D. JEAN
» DESCOIGNI. D. GUILLERMO
» CAREU. THOMAS - JOSEPH
» DE VILLANUEBA. MARIN,
» GENIGEAR.
Le Maréchal de Maillebois, pour ſe
dédommager de n'avoir pû ſecourir
Valence, mit ſous contribution Voghera, & ſon diſtrict, dont il enleva les
principaux habitans, qu'il envoïa ſur
le pié d'Otages à Novi. Il tomba ſur
Acqui, qu'il fut obligé de battre pendant quatre jours. M. de Setton Capitaine des Fuziliers, qui s'étoit retiré au Donjon avec ſa garniſon, qui n'é-
toit que de 200. hommes, ſoutint deux
aſſauts, après leſquels il ſe rendit pri-

S 3 ſon-

fonnier de guerre. Le Roi de Sardaigne fut fi fatisfait de cette belle défenfe, qu'il le fit d'abord échanger avec fa
troupe; & à fon arrivée il le gratifia
de la Croix de St. Maurice, avec une
penfion de 500. liv. L'armée Françoife fe repofa près d'Acqui, jufqu'au 15.
de May, que le Maréchal de Maillebois
la ramena au camp, entre Novi & Gavi, laiffant 400. hommes dans Acqui,
qui en fortirent quelques jours après,
aïant auparavant fait fauter une partie
des murailles du Donjon. Les Piémontois y rentrérent avec un bataillon de
troupes réglées & deux de Milices.

Après que le Prince de Lichtenf-
tein, & le Général Nadafty, eurent fait
des éforts inutiles pour défaire le corps
du Marquis de Caftelar, ils prirent enfin le parti d'abandonner ce projet, afin
de difpofer toutes chofes pour le paffage du Taro. La réfolution fut prife de
l'exécuter le 5. & le 6. de May. On
raffembla dès ce jour-là les barques
néceffaires pour faire un pont, & l'armée eût ordre de fe tenir prête à marcher.

Elle partit en éfet le 5. & alla camper

per à Borgo San Donino. Le Comte
de Schulembourg, Commandant pro-
visionnellement les Huffarts de Bartelotti, enleva plusieurs mulets chargés,
dont quelques-uns portoient une partie des équipages du Duc de Modêne, & il les conduisit au camp, avec
quatre Officiers & le Secrétaire du
Prince.

Le 6. de May, le Marquis de Pignatelli fut détaché par l'Infant Dom Philippes avec 8000. hommes, pour chaffer de Lodogno, Bourg du Duché de
Milan, un détachement des Ennemis
qui l'occupoit. Le Marquis divisa ses
troupes en 3. corps, qui chargérent
en même-tems les Ennemis, qui fou-
tinrent quelque-tems avec beaucoup
de valeur les éforts des Efpagnols ; mais
ils furent enfin obligés de plier & de fe
retirer dans le Bourg. Les Efpagnols
y pénétrérent & les pourfuivirent jufqu'à la principale Place. Les Ennemis
n'eurent d'autre parti à prendre, que
de s'enfermer dans les maifons, où ils
fe défendirent jufqu'à ce qu'on eût en-
foncé les portes ; 2400. fe rendirent
prifonniers de guerre, avec le Com-

te de Groff, qui les commandoit. Il y en eut environ 200. tués ou bleſſés. On leur enleva 12. piéces de canon, 11. drapeaux, 400. chevaux, tous les bagages, une grande quantité de vivres, & de munitions de guerre.

Avant la fin du même mois un corps de troupes Autrichiennes rentra dans Codogno, & l'Infant Dom Philippes fit paſſer le Pô à 12000. hommes, ſous les ordres du Marquis de Pignatelli & du Marquis de Mirepoix, pour aller l'en chaſſer ; mais les Ennemis ne les attendirent pas. Ils ſe retirérent ſous Pizzighitone, abandonnant leurs Magazins & quelques piéces de canon.

L'armée de l'Infant décampa pluſieurs fois, ſans peut-être avoir d'autre deſſein, que celui de prévenir ceux des Ennemis.

Les François ajant occupé le Château d'Oſſolengo, ſur la Trébia, ſitué à l'entrée des Montagnes, les Ennemis formérent la réſolution de les en déloger, afin de les reſſerrer davantage & de couper à l'armée les ſubſiſtances qu'elle pouvoit tirer de ce côté-là. Pour cet éfet le Général C. Nadaſty détacha

le

le Colonel Buday , qui parut devant
le Château , avec fa troupe & deux
petites piéces de canon ; mais il fut
obligé de revenir fans avoir pû l'em-
porter. Le Général Nadafty eût donc
ordre d'exécuter lui-même ce deffein,
avec les Huffarts , les Waradins , & les
Efclavons , auxquels on ajoûta un détachement de 600. hommes de troupes réglées , & de 4. compagnies de
Grenadiers , qui avoient plufieurs piéces de canon & des pierriers. Le Général Marquis Novatti , alla camper
dans le même-tems , avec 4. bataillons,
4. compagnies de Grenadiers , & 4.
piéces de campagne , du côté des paf-
fages par lefquels les François pouvoient faire avancer des troupes , pour
tâcher de fecourir la garnifon du Château. Toutes les difpofitions étant faites , l'attaque fe fit de façon , que le
Commandant fut obligé de fe rendre à
difcrétion. La garnifon étoit compofée d'un Lieutenant - Colonel , qui y
commandoit , d'un Aide - Major , de
12. Officiers , & de 206. Soldats , qui
furent tous faits prifonniers de guerre.
Comme les murs du Château étoient
en

en fort mauvais état & incapables de
résister au canon, on n'y mit pour garnison qu'un Lieutenant avec 50. Waradins, après-quoi les Généraux C.
Nadasty & Marquis Novatti revinrent
au camp avec leurs troupes. A peine y
furent-ils arrivés, qu'un corps de 2. à
3000. François, commandés par le
Duc de la Vieuville, vint attaquer ce
Château. Au premier avis qu'on en
eût, le Colonel Barhoczay, à la tête
d'environ 200. Hussarts, qu'il trouva
prêts, & de quelques autres troupes,
qu'il ramassa à la hâte, vint au secours,
étant suivi par le Général Desoffy, avec
tout son Régiment, ainsi que par les
Hussarts de Bartelotti, & par les Escla-
vons. Ces troupes arrivérent à tems,
pour sauver la garnison & obliger cette
troupe de se retirer au-delà de la Trébia. Après cette action, on trouva à
propos de renforcer encore de 50. Waradins la garnison du Château & d'y
envoïer 2. piéces de canon.

Comme les Ennemis cherchoient à
resserrer davantage les armées combinées & à leur couper de plus en plus
les vivres, ils firent leurs éforts pour

les

les déloger des Maisons de St. Lazare
& du Collége du Cardinal Albéroni.
Ils firent toutes les dispositions nécef-
saires pour cette entreprise ; & les
Généraux Baron Dandlau, & Comte
de Harsch & de Neuhans, furent chargés de l'exécution. On leur donna
pour cet éset 9. bataillons, autant de
compagnies de Grenadiers, avec quelques centaines de Waradins & d'Efclavons. L'attaque se fit le 18. de
grand matin. Comme elle étoit fou-
tenuë par l'artillerie, on prit le parti
de leur abandonner ces postes. Pendant tout ce tems-là, l'armée Ennemie
s'avança en ordre de bataille, occupa
la plûpart des maisons & vint camper
à St. Lazare.

Les Espagnols, les François, les
Napolitains & les Génois, leurs Alliés,
qui avoient été les maîtres d'une partie de l'Italie, & qui s'y étoient étendus
au long & au large, depuis Asti jusqu'au-delà de la Secchia, & depuis
Milan jusqu'à Génes ; c'est-à-dire, 60.
lieuës en long & 45. en large, occu-
pant le Duché de Milan, le Pavesan,
le Lodesan, le Parmesan, le Plaisantin,
le

le Tortonese, l'Alexandrin, la Lomeline, le Vigevanasque, la Novarese, Casal, Asti, Acqui dans le Montferrat, & levoient des contributions jusqu'à quelques milles de Turin même. Maîtres de Milan, ils avoient fait des dispositions extraordinaires, mais trop lentes, pour en assiéger la Citadelle, près de laquelle ils avoient fait un amas prodigieux de tout ce qui étoit nécessaire pour réduire cette Forteresse. Maîtres d'Alexandrie, ils en avoient bloqué la Citadelle pendant quatre mois; ils s'étoient fortifiés à Guastalla & à Reggio. Enfin, le reste de la même année, ils avoient occupé une partie de l'armée Autrichienne, qui étoit sous les ordres du Prince de Lichtenstein, dans le Mantoüan & le Modênois. En une situation aussi avantageuse, ils se reposoient de leurs travaux, & ils recevoient tous les jours de Barcelone, de Majorque & de Naples, des secours considérables d'argent, de troupes, d'artillerie, & de munitions. Ils avoient 120. piéces de canon & 40. mortiers devant la Citadelle de Milan, & un trésor à Gênes

nes pour le païement des troupes, qui recevoient toutes sortes de secours par cette Ville.

Autant cette situation avoit été flâteuse, autant paroissoit-elle triste & désespérée. Celle du Roi de Sardaigne & des Autrichiens, auxquels il sembloit ne rester d'autre espoir que dans les promesses que la Cour de Vienne faisoit de les secourir, changea tout à coup. La Paix de Dresde rendit à la Reine la liberté d'emploïer ses troupes à la défense de ses Etats héréditaires. Cette Princesse fit passer les Alpes à 30. ou 40000. hommes de ses meilleures troupes. Aussi-tôt que le Roi de Sardaigne fut informé que leur tête étoit arrivée dans le Mantoüan, il pensa à délivrer la citadelle d'Alexandrie de la Paille ; & aïant concerté les opérations de l'ouverture de la campagne, avec les Généraux Lichtenstein & Brown, qui devoient commencer par secourir cette citadelle. S.M. envoïa ses ordres dans les endroits où il falloit agir, pour en faciliter l'exécution, en tenant de toutes parts l'armée combinée en échec, afin de l'empêcher de s'entre-secourir.

Tome III.   T   Le

Le Général Comte Pallavicini s'avança vers Parme, tandis que le Général Brown, à la tête d'un corps de vingt mille hommes, devoit marcher du côté de Lodi. Le Prince de Lichtenstein fit deux gros détachemens; l'un pour la Lomelline, qui attaqua à Zemo, près de Mortara, un poste occupé par des François & des Espagnols, auxquels il tua & blessa un grand nombre, & fit prisonniers 200. cavaliers du régiment Dauphin, avec dix Officiers, parmi lesquels il y avoit un Maréchal-de-Camp, un Lieutenant-Colonel & deux Capitaines. Le second détachement Autrichien partit de Trin, passa le Pô, & se porta à Montealvo, qu'il prit, aussi-bien qu'Asti, afin de s'ouvrir les chemins & conserver les derriéres libres.

Le Général Baron de Leutrum, à la tête de 20. bataillons Piémontois, fut chargé de la derniére entreprise, qui étoit la plus difficile. Il étoit accompagné du Marquis Cravastisane Contador Général, pour diriger la conduite de 500. mulets, chargés de toutes les choses nécessaires pour le rafraî-

rafraîchiſſement de la garniſon de la
Citadelle, qu'il étoit queſtion de ſecourir. Le Général de Leutrum fit tant
de diligence & de ſi bonnes diſpoſitions, qu'il ſurprit un corps conſidérable de François dans la ville d'Aſti,
après avoir emporté, l'épée à la main,
le pont qu'ils avoient ſur le Tanaro,
& avoir enlevé un Capitaine, & la
plûpart des Soldats qui le gardoient.
Il inveſtit & battit la Place d'abord,
avec 4. canons, auxquels il en ajoûta
enſuite quatre autres. Le Maréchal de
Maillebois ne manqua pas de raſſembler, avec toute la diligence poſſible,
les troupes qu'il avoit dans l'Aſteſan,
pour tâcher de ſecourir Aſti ; mais arrivé à peine à Novi, il aprît que la
nuit du 7. au 8. M. de Montal, Lieutenant-Général, s'étoit rendu priſonnier de guerre, avec ſa garniſon, com-
poſée de 3. Maréchaux-de-Camp, 2.
Brigadiers, 350. Officiers, & 9. bataillons ; ſçavoir, 3. de Lyonnois, 2.
de Berry, 1. de Flandres, 1. de Conty, 1.
de Senneterre, & 1. de Ségur, faiſant
au-delà de 5000. hommes, ſans compter un petit détachement de cavalerie.

T 2   Le

Le Maréchal de Maillebois n'aïant avec lui que quinze bataillons & deux régimens de cavalerie, ne jugea point à propos de se mesurer avec le Général de Leutrum, qui avoit la supériorité, & marchoit en droiture vers Alexandrie. Le Maréchal se trouva dans la nécessité de repasser le Tanaro, pour tâcher de se fortifier, par les 10. bataillons qu'il avoit mis dans la ville d'Alexandrie, afin d'en bloquer la Citadelle, mais qu'il fut obligé d'abandonner, ainsi que Casal & Montealvo. Plusieurs petits corps détachés par le Général Piémontois, se rendirent maîtres de quelques postes où les François avoient des troupes. Ils s'emparérent entr'autres du Château de Quarto, où ils firent 150. prisonniers, & celui de Castel Fiori.

Lorsque M. de Montal aprît que les Piémontois aprochoient, il dépécha un Exprès au Maréchal de Maillebois, pour l'informer de la situation où il étoit. Il lui envoïoit 80000. liv. qu'il avoit en caisse, & le prioit de venir le dégager ; mais l'Exprès aïant été arrêté par les Vaudois, qui lui prirent

son

fon argent ; ils envoïérent le Porteur
au Baron de Leutrum, qui s'en fer-
vit pour obliger M. de Montal de fe
rendre, en lui montrant les dépêches
qui avoient été interceptées. La garnifon d'Afti étoit de 3200. hommes,
300. Officiers, & 5. Officiers-Généraux ; favoir, M. de Montal, Lieutenant-Général , MM. de Choifeuil &
de Mefplées, Maréchaux-de-Camp, &
M. de Montmorency, & le Duc d'A-
genois, Brigadiers. Les Officiers eurent la permiffion d'aller en France ;
mais on transféra les foldats à Albe,
Querafque, Bene, & Mondovi : on
trouva dans la Place huit piéces de
canon, aux armes de France, quantité de munitions de guerre & de bouche, un grand Magazin de fel, & 27.
drapeaux, qui furent portés à Turin
par M. de Falkenberg. M. de Leutrum
fe remit en marche auffi-tôt qu'il eut
vû défiler la garnifon, & fe rendit le
10. par Quarto, à Soleri, d'où il envoïa reconnoître les redoutes, qui formoient le blocus de la Citadelle d'A-
lexandrie. Les Officiers chargés de
cette commiffion, raportérent qu'el-

T 3   les

les étoient abandonnées ; & l'on eut avis dans le même-tems que le Maréchal de Maillebois s'étoit retiré à St. Salvador. L'Aide-de-Camp de M. de Leutrum entra dans la Citadelle , & fut voir M. le Marquis de Carail qui en étoit le Gouverneur. Le convoi destiné à ravitailler cette Forteresse, y entra le lendemain. Les mauvais tems forcèrent le Général de faire cantonner les troupes & de suspendre les autres opérations. Pendant que cela s'étoit passé dans l'Alexandrin, les Généraux Brown , Bernklau , Nadasti & Luchesi s'étoient mis en mouvement dans le Crémonois , vers le Pô , & sur la Secchia & l'Adda ; le second se mit le 17. de Mars après-midi à la tête de 600. Croates & 300. Hussarts, pour aller reconnoître la position & la contenance de l'armée des trois Couronnes dans leur poste avantageux de Codogno ; trois bataillons, sçavoir , un de Coloredo, un de Léopold Palfi, & un d'Andreasi , suivirent peu après , pour soutenir ce détachement en cas de besoin, arrivé à une Cassine , éloignée d'une demi-lieuë de Codogno,

où

où il y avoit 300. Fuziliers, & 150. Maîtres Espagnols. Le Général Bernklau la fit attaquer. Après un feu continuel de deux heures, les Espagnols furent obligés de se retirer à Codogno.

Le lendemain, le Général Bernklau détacha vers Lodi, le Colonel Prince de Loewenstein, avec un escadron de Kohari, & cent Hussarts, qu'il fit suivre par un bataillon & une compagnie de Grenadiers de Bernklau. Le Prince de Loewenstein étant arrivé aux portes de la Ville, aprît que sur le premier avis de l'affaire de la veille, la garnison l'avoit abandonnée; le Prince s'avança là-dessus vers Milan, avec 50. Dragons & 100. Hussarts, & aïant rencontré à Mariano un détachement de 600. Espagnols, il l'attaqua avec quelque succès, & fit prisonniers 1. Capitaine, 2. Lieutenans, 1. Enseigne, & 30. hommes. Le reste fut poursuivi jusqu'aux Portes de Milan.

Le Lieutenant Feld-Maréchal aïant apris que l'armée des trois Couronnes se disposoit à abandonner entiérement cette Capitale de la Lombardie, le Prince de Loewenstein eut

ordre

ordre de s'en raprocher le lendemain avec son détachement, & de se tenir à portée de harceler la garnison dans sa retraite. On prit le parti d'abandonner Milan.

Pendant que le Général Bernklau étoit occupé à forcer les Espagnols dans le Milanez, conjointement avec le Prince Lichtenstein, les Généraux Brown, & Nadasty, passoient le Pô, dans le dessein de chasser les Espagnols de Guastalla, Reggio, Parme & Plaisance, & de s'étendre ensuite le long de la Riviére de Génes, pour couper toute retraite à l'armée, qui étoit aux environs de Pavie, & à celle du Maréchal de Maillebois, qui s'étoit postée, après avoir abandonné Tortone, entre Gavi & Novi, sur le territoire de Génes. Les Généraux Ennemis réussirent de façon, que le Comte de Nadasty aïant forcé la Garde du pont de Crostolo à Baccanella, qui consistoit en 300. hommes, dont une partie sut tuée & le reste pris, il marcha droit à Guastalla, qu'il investit d'abord. Il l'attaqua avec une espéce de fureur, avec ses Croates & Waradins. Le Général

ral

ral Comte Caraffa fit une fortie, pour gagner du tems & favorifer l'arrivée d'un fecours qu'il attendoit du Marquis de Caftelar ; mais il fut repouffé de façon, qu'il fut obligé de fe rendre à difcrétion. Le Général Autrichien marcha d'abord à la rencontre du fecours, qu'il défit auffi , en aïant tué 150. & fait une partie du refte prifonniers de guerre. Pendant que cela fe paffoit, la garnifon Piémontoife de Modêne s'avança vers Reggio, & y fit prifonniére la garnifon, qui confiftoit en 300. hommes. Il y avoit 1800. hommes dans Guaftalla ; & le fecours qui fut défait, confiftoit en 3000. hommes, dont 600. furent tués. Les Généraux Brown & Nadafty s'étant joints , marchérent le lendemain par Breffello à Parme, qu'ils trouvérent abandonnée. Les Éfpagnols s'étant repliés fur Plaifance, pour gagner Voghera, où l'Infant raffembla le refte de fon armée , on fe joignit aux François entre Novi & Gavi, dans le deffein de fe retirer enfemble par l'Etat de Génes , où le Marquis de Mirepoix s'étoit déja rendu à Savone,

pour

pour conferver la communication de ce côté-là, avec un autre corps que commandoit M. de Maulévrier, pour affurer celle avec le Comté de Nice.

Toutes ces marches & ces mouve-mens, étoient moins des deffeins for-més de la part des différents corps de l'armée des trois Couronnes, que de fages précautions pour ne pas être dé-fait ou coupé par les Ennemis. Jamais fituation n'avoit été plus critique pour l'Infant & le Maréchal de Maillebois : on peut même ajoûter que les événe-mens ne l'ont que trop fait connoître.

L'armée Efpagnole, fous les ordres de l'Infant Dom Philippes, étoit cam-pée fous Plaifance, & la fituation dans laquelle cette armée fe trouvoit avoit déterminé ce Prince à demander, dès le 18. du mois de May, au Maréchal de Maillebois de lui envoïer 10. ba-taillons François. Ce renfort n'étant pas fufifant pour mettre l'Infant en état d'exécuter le projet qu'il avoit formé d'attaquer les Ennemis, il envoïa or-dre le 6. du mois de Juin au Maré-chal de Maillebois de venir le joindre avec le refte de fon armée. Ce Géné-

ral

ral exécuta les ordres de Son Altesse
Roïale, & l'armée Françoise aïant marché par Tortone, se rendit au camp
des Espagnols près de Plaisance. Le
Maréchal de Maillebois y étant arrivé le 14. ce Général y eut ce jour-
là, avec l'Infant, le Duc de Modêne,
& le Comte de Gages, une Conférence, dans laquelle on décida, qu'il
étoit d'autant plus nécessaire d'attaquer les Ennemis dans leur retranchement, que le Roi de Sardaigne, qui
s'étoit posté à Novi, aussi-tôt que les
François avoient quitté cette ville, les
suivoit, & n'étoit éloigné que de deux
jours de marche. On arrêta de plus
dans la même Conférence, que l'attaque résoluë se feroit le 16. avant le
jour; & les dispositions pour cette entreprise furent ordonnées le 15. par
l'Infant, & par les Généraux qui se
trouvoient avec ce Prince. Le même
jour à l'entrée de la nuit, les troupes
Espagnoles & Françoises se mirent en
marche sur 7. colonnes, dont 4. étoient
formées par les Espagnols, & les 3.
autres par les François : ces derniéres
aïant débouché sur les Ennemis, elles

les les forcèrent de se replier & d'a-
bandonner les Cassines qu'ils avoient
fortifiées. Les mêmes colonnes, com-
posées des troupes Françoises, après
avoir chassé les Ennemis de tous les
postes qu'ils avoient en-deçà du Résudo, se rejoignirent à la pointe du
jour, & marchérent pour attaquer le
camp des Autrichiens, par les endroits
qui leur avoient été marqués.

Dans le même tems, celle des 4.
colonnes Espagnoles, commandée par
le Marquis d'Aranburu, étant soutenuë
par le Régiment des Gardes Espagnoles & de la brigade de la Couronne, attaqua, avec tout le courage possible,
la Cassine de St. Dominique, qui apu-
ioit la gauche des Autrichiens, & qui
étoit garnie d'un corps d'infanterie,
& fortifiée par un retranchement dans
lequel ils avoient placé 15. piéces de
canon. Aussi-tôt le Maréchal de Maillebois passa le Résudo en ordre de bataille; mais dans le moment qu'il se
disposoit à soutenir la colonne Espa-
gnole, il s'aperçût que la cavalerie Ennemie, & le feu prodigieux de la batterie placée dans la Cassine, avoient

obligé

obligé cette colonne de se replier. Voïant qu'elle commençoit à être en déroute, il se mit à la tête des Dragons, qu'il fit combattre à pié, & il fit avancer le Marquis de Volvire, lequel avec 200. Carabiniers arrêta l'impétuosité de la cavalerie Autrichienne. Mais ce nouveau corps de la cavalerie Ennemie, qui prît en flanc l'infanterie Françoise, jetta un si grand desordre, que le Maréchal de Maillebois tenta inutilement de le réparer. Il fit en cette occasion tout ce qu'on pouvoit atendre de sa valeur; & il prît un drapeau qu'il porta en avant de la ligne, dans l'espérance de ranimer le courage des troupes & de les ramener à la charge : n'y aïant pas réussi, il se retira avec l'infanterie en deça du Réfudo & du Rio commun; & ce ne fut que derriére le Naville qu'il parvint, avec les Officiers-Généraux & ceux de l'Etat-Major, à rallier les troupes. Pendant cette action, qui se passoit à la droite, le Comte de Gages avoit commencé l'attaque de la gauche, & étoit parvenu à s'emparer des redoutes de S. Lazaro. Les Gardes Walones les prirent & en furent chaſſées deux fois, avec une ſi grande perte de leur part, que l'Infant n'eſpérant plus dans cet inſtant de pouvoir rétablir ce combat, il ordonna de faire retirer les troupes de la gauche. Le Maréchal de Maillebois qui avoit rallié l'infanterie à la droite, aïant reçû le même ordre, l'exécuta & ramena les troupes au camp qu'il commandoit ſous Plaiſance, ou les colonnes Eſpagnoles étoient déja avancées.

On ne peut donner aſſés d'éloges à la capacité que le Maréchal de Maillebois a ſait paroître en cette occaſion, dans laquelle les Officiers-Généraux ſe ſont infiniment diſtingués, ainſi que tous les autres Officiers.

Les François perdirent environ 1100. hommes, & 2000. de bleſſés ou faits priſonniers. Dans ce nombre ſont compris 40. Officiers tués & 225. de bleſſés, le Chevalier de Rochechoüart-Faudoas, Colonel du Régiment d'infanterie d'Anjou, & le Marquis de Lecure, Meſtre-de-Camp, Lieutenant de celui de Dauphin, Dragons, y ont été tués. Les principaux Officiers bleſſés, M. de Tournel, Brigadier

&

& Capitaine d'une Compagnie de Mineurs ; le Comte de Revel, Colonel du Régiment de Poitou ; le Chevalier de Teffé, Colonel-Lieutenant de celui de la Reine ; M. de la Rocheaymon, Colonel du Régiment de fon nom ; M. d'Imecourt, Colonel de celui de Périgord ; le Marquis de Caftéja, Colonel de celui de Tournaifis, & M. de Moncalen, Colonel du régiment d'Auxerrois.

Toutes ces affaires diminuoient confidérablement l'armée des trois Couronnes ; car quoiqu'elle remportât quelques avantages, il eft conftant qu'à tout prendre, fes pertes furpaffoient de beaucoup celles des Ennemis ; de plus, ces derniers étoient les maîtres de la campagne, & faifoient la guerre offenfivement.

Peu de tems après la bataille de Plaifance, le Marquis Philippes de Caretto fut détaché de l'armée Piémontoife, pour aller attaquer le Bourg de Zuccarello, fitué dans les Etats de la République de Génes, fur la côte Occidentale, entre le Marquifât de Final & la Principauté d'Oneille. Il s'y prît

                par

par trois endroits. M. Saoli, Commiſſaire - Général d'Albenga, informé de l'entrepriſe des Ennemis, fit marcher au ſecours de ces deux poſtes, quelques Piquets & toutes les Milices qu'il pût raſſembler. Ce ſecours ne pût arriver aſſés-tôt pour empêcher la priſe de Zucoarello. La garniſon du Château avoit déja capitulé, & les Milices Piémontoiſes pilloient & ravageoient leurs Ennemis avec une licence éfrénée. Tandis qu'elles étoient occupées à tranſporter le butin, M. Artingo, qui commandoit le ſecours arrivé d'Albenga, forma le projet hardi de reprendre Zuccarello. La ſupériorité des Ennemis ne l'éfraïa pas. Il mit en ſuite les Barbets. Il fit ocuper les hauteurs voiſines du Château, & ſomma le Marquis de Caretto de ſe rendre priſonnier, avec toutes ſes troupes. Celui-ci voulut s'ouvrir un paſſage l'épée à la main; mais il fut repouſſé & obligé d'accepter la propoſition. Quant à Caſtel Vecchio, l'Officier qui y commandoit, ſe défendit avec tant de valeur, que les Ennemis furent contraints d'abandonner l'attaque de ce poſte. Les Piémontois

tois perdirent à ces deux attaques 60. hommes, qui furent tués, 384. faits prisonniers, & 250. soldats qui désertérent.

Cette action fut suivie de près de la retraite de l'armée combinée, depuis le Lodesan jusqu'à Voguera, près de Tortone. M. le Marquis de Vaugué, Colonel du Régiment Dauphin Dragons, & le Maréchal-Général-des-Logis de l'armée d'Italie, en aporta la nouvelle au Roi, avec le détail de la bataille donnée le 10. du mois d'Avril, dont voici quelques circonstances.

L'Infant Dom Philippes commençant à manquer de vivres dans le Lodesan, prît le 9. la résolution de passer le Pô ; ce que Son Altesse Roïale exécuta la nuit suivante, & marcha vers la Stradella. Aussi-tôt que les Ennemis eurent été informés du passage, ils vinrent l'attaquer avec toutes leurs forces. Le combat s'engagea le 10. & dura depuis 9. heures du matin jusqu'à 4. heures après-midi. Les Autrichiens chargérent les troupes combinées à trois différentes reprises, ce qui ne pût

V 3

se

fé faire fans une perte confidérable de part & d'autre. On comptoit dans le tems que les Ennemis avoient perdu 5000. hommes; & l'armée des trois Couronnes la moitié. Des perfonnes bien informées ne faifoient que changer les pertes. Les régiments qui fouffrirent le plus dans cette action, furent ceux d'Anjou, l'Ifle-de-France, Garde Lorraine, Véguier, Foix, & Périgord. M. de Candel, Lieutenant-Général Efpagnol, y fut tué, & le Marquis de Caftelar dangereufement bleffé.

Le Comte de Gages avoit fait évacuer la Ville de Plaifance la veille de l'action, & n'y avoit laiffé que les malades avec une petite garnifon, & l'artillerie qu'on ne put amener. Il en fit retirer 82. piéces de canon, & enclouer le refte.

La conquête de Novi, Serravallé, Gavi, & Voltaggio, furent les fuites de tous ces échecs. Le Roi de Sardaigne aïant propofé aux Généraux Autrichiens de pénétrer dans l'Etat de Génes, il fut réfolu que Sa Majefté y pénétreroit par la Vallée de Bormida,

pen-

pendant que les Impériaux tenteroient de forcer le double passage de la Bochetta, regardé comme la clef de l'Etat de Génes, & qui n'avoit jamais été forcé. L'armée des trois Couronnes avoit pourvû à sa défense, ce qui lui devoit donner le tems de faire retraite. On y posta 24. compagnies de Grenadiers François, 40. Piquets Espagnols & François, & 4000. Milices Génoises, qui se retranchérent d'abord, firent des coupures & des abbatis d'arbres & mirent de l'artillerie à tous les passages. Le Général Comte de Brown, chargé de les en déloger, prît des mesures si justes, qu'il en vint à bout. Pour surcroît de bonheur, deux personnes exilées de Génes vinrent trouver ce Général, & lui indiquérent par le Mont Parcy un passage également inconnu aux Impériaux, comme aux Généraux de l'armée des trois Couronnes. Il fit avancer par divers chemins deux détachemens, commandés par les Impériaux Méligny, & Maquier. Il leur donna le tems de s'aprocher à droite & à gauche des hauteurs qui commandoient

les

les défilés, pendant qu'il fit marcher par le chemin ordinaire un autre détachement, conduit par le Général Novati, afin de prendre le corps de l'armée des 3. Couronnes de divers côtés à la fois, nonobstant sa résistance opiniâtre. Ces détachemens le pousférent jusques sur la colline proche du Village de Lavenzana. Ce corps voulut se mettre en bataille ; mais les Ennemis étant supérieurs, cela ne leur fut pas possible. Les Ennemis se portérent tout de suite au-delà de l'Apennin, à *Ponte Decimo*, sur la *Pocenera*, pendant que les François, les Espagnols, & les Napolitains, gagnoient le large, du côté de Final & de Savone, de peur d'être coupés par le Roi de Sardaigne. Le Général Nadasti poussa le jour suivant jusqu'à St. Pierre d'Arena, & coupa ainsi toute communication entre la Ville & ses Alliés, qui furent obligés de l'abandonner à sa mauvaise fortune.

On ne peut mieux s'imaginer, que je ne pourrois le décrire, la consternation que cette nouvelle répandit dans Gênes. Il y eut une émeute, que la pruden-

prudence du Magiſtrat aſſoupit d'a-
bord ; mais on ne ſçavoit quel parti
prendre. D'un côté, on mettoit l'artillerie en état de ſervir, & on diſtri-
buoit les Milices & les Bourgeois dans
les différentes Places de la Ville & ſur
les remparts, pendant que de l'autre
le Sénat délibéroit ſans pouvoir rien
réſoudre. Il fallut cependant ſe ſou-
mettre & implorer la clémence de la
Reine de Hongrie. On nomma les Sénateurs Aug. Grimaldi, Ren. Grimaldi, Ceſ. Cattanco, & Aug. Gavotto,
pour ſe rendre, en qualité de Députés, auprès du Général Autrichien, afin
de convenir avec lui d'une Suſpenſion d'Armes, & des conditions auxquelles la République offroit de ſe ſou-
mettre. Le 4. Septembre 1746. ils ſe
rendirent au camp Impérial ; & intro-
duits auprès du Comte de Brown, ils
implorérent, au nom du Sénat, la clémence & la protection de l'Impératrice
Reine de Hongrie & de Bohême, ſans
parler de ſes Alliés. Sur cela le Général
Autrichien lui dit : *Vous reclamez apa-
remment la clémence & la protection de
l'Impératrice & de ſes Alliés ?* A quoi les
Séna-

Sénateurs répondirent : *Ouï vraiment, Monseigneur, de ses Alliés aussi.* Alors le Général ajouta d'un grand sérieux : *Eh bien, Messieurs, cela étant, je prendrai soin de votre Ville en leur nom, & je vais faire partir des Gardes, qui seront postées aux Portes pour empêcher tout désordre.* Les Sénateurs répliquérent, *Que les Statuts & les Loix fondamentales de la République s'y oposoient, & ne permettoient point de Gardes étrangéres.* Là-dessus le Général, parlant en vainqueur, dit, *Quels Statuts, quelles Loix, quelle République : des Statuts & des Loix ; c'est moi qui les donne.* Le Général Botta arriva dans ces entrefaites, & après une longue discussion, il se rendit dans Génes, où il remit au Sénat les conditions provisionnelles, auxquelles il pourroit recevoir la République sous la protection de Sa Majesté Impériale la Reine Hongrie & de Bohême, telles que les voici.

Capitulation provisionnelle de la République de Génes.

» I. Les Portes de la ville de Génes
» seront remises à 23. heures aux
» trou-

» troupes de Sa Majesté Impériale la
» Reine de Hongrie & de Bohême.

» II. La garnison sera prisonniére
» de guerre : les deserteurs, qui se
» déclareront tels, immédiatement
» après la signature de la presente
» convention, joüiront des éfets de
» la clémence de l'Impératrice ; ceux
» qui au contraire ne se déclareront
» pas d'abord, seront pendus.

» III. On consignera au Comman-
» dant de l'Artillerie Impériale les ar-
» mes qui se trouveront à Génes,
» avec tout ce qui en dépend, ainsi
» que les munitions de guerre ; mais
» les provisions de bouche, ramassées
» pour la subsistance des troupes, avec
» tout ce qui est compris sous le nom
» d'uniforme ou qui sert à l'habille-
» ment des personnes militaires, en-
» tre les mains du Commissariat des
» Vivres de Sa Majesté Impériale.

» IV. La Sérénissime République
» ordonne à tous ses sujets, soldats
» & milice de ne point commettre des
» hostilités durant la presente guerre,
» contre les troupes de Sa Majesté la
» Reine de Hongrie & de Bohême,
» &

» & celles de ſes Alliés, ni contre
» qui que ce ſoit qui en dépend.

» V. On accordera ſur le champ la
» libre entrée du Port de Génes, &
» la liberté d'en ſortir, aux Vaiſſeaux
» de guerre & autres Bâtimens An-
» glois, ainſi qu'à ceux des Nations
» Alliées de Sa Majeſté Impériale.

» V I. On conſignera avec fidélité
» au Commiſſaire de Guerre, nommé
» pour cet éfet, tous les bagages &
» éfets, ſans exception, qui apartien-
» nent aux troupes Françoiſes, Eſpa-
» gnoles ou Napolitaines & à chaque
» *Individu* d'icelles, & l'on indique-
» ra & remettra auſſi-tôt aux trou-
» pes Impériales, tous les François,
» Eſpagnols & Napolitains, aparte-
» nans à leur armée, qui ſe trouvent
» encore à Génes ou dans ſes Faux-
» bourgs.

» VII. Au cas que le Bourg & le
» Château de Gavi ne ſe trouvent pas
» encore au pouvoir des troupes Im-
» périales, la Séréniſſime République
» enverra immédiatement ordre au
» Commandant de ſe rendre priſon-
» nier de guerre, avec ſa garniſon, au

» Velt-

» Velt - Maréchal Lieutenant Prince
» Piccolomini.

» VIII. La Sérénissime République
» accordera aux troupes de Sa Ma-
» jesté Impériále la Reine de Hongrie
» & de Bohême, dans toutes les oc-
» casions qui pourront se trouver, tant
» que la guerre durera, le libre pas-
» sage par la ville de Génes, & par tou-
» tes les Places, Forteresses, Villes &
» lieux de sa dépendance, pourvû
» qu'elle soit préalablement avertie
» par le Commandant desdites trou-
» pes.

» IX. Le Sérénissime Doge, & six
» des principaux Sénateurs, partiront
» dans l'espace d'un mois pour se ren-
» dre à la Cour de Vienne, afin de
» demander pardon des fautes passées,
» & d'implorer la clémence de Sa Ma-
» jesté Impériale.

» X. Tous les Officiers & Soldats
» des Alliés de Sadite Majesté, qui ont
» été faits prisonniers de guerre par la
» Sérénissime République durant la
» presente guerre, doivent être cen-
» sés & être en éfet entiérement libres,
» immédiatement après la signature

          X   » de

» de la preſente Convention , ainſi
» que toutes les perſonnes qui dé-
» pendent de Sa Majeſté Impériale ,
» ou de ſes Alliés , de quelle maniére
» & ſous quelque prétexte qu'elles
» ſoient détenuës à Génes , ou dans
» l'Etat de la République.

» XI. On païera ſur le champ la ſom-
» me de 50000. *Génouines*, pour être
» diſtribuée à l'armée Impériale qui ſe
» trouye ici , à titre de douceur ; &
» pour engager les troupes à ſe tenir
» tranquiles , indépendamment des
» contributions , au ſujet deſquelles
» la Séréniſſime République s'enten-
» dra avec M. le Comte de Choteck ,
» Velt-Maréchal , Lieutenant-Co-
» lonel, autoriſé pour cet éfet, moïen-
» nant quoi on fera obſerver à l'armée
» la plus rigoureuſe diſcipline , & les
» troupes païeront toutes choſes ar-
» gent comptant.

» XII. Cette Convention proviſion-
» nelle ſortira tout ſon éfet , juſqu'à
» ce qu'elle ait été ratifiée par la Cour
» de Vienne , ou qu'elle en diſpoſe au-
» trement ; & en atendant , il ſera en-
» voïé à Milan 4. Sénateurs , qui ſervi-
» ront

» ront d'Otages, & qui y demeureront
» jufqu'à ce qu'il leur foit permis par
» la Cour de Vienne de retourner dans
» leur Patrie ; & la prefente Conven-
» tion fera fignée au nom de la Répu-
» blique, par le Séréniffime Doge, &
» par tous les Sénateurs, & munie du
» Cachet de leurs Armes. *Signé*, LE
» DOGE, *Gouverneur & Procurateur de*
» *la République de Génes.* (L.S.) Fait dans
» notre Palais-Roïal le 6. Septem-
» bre 1746. *Contre-figné*, JOSEPH-
» MARIE SERTORIO, *Secrétaire d'E-*
» *tat.* LE MARQUIS DE BOTTA.
» LE COMTE DE BROWN.

Le Colonel Comte de Colloredo,
fut d'abord dépêché, avec cette Capitulation, pour la Cour de Vienne,
où la République avoit envoïé d'avance le Marquis *Gio Baptifta Mari*, qui
avoit été ci-devant Ambaffadeur du
Roi de Sardaigne. Les Généraux Autrichiens mirent d'abord leurs troupes
en quartiers de rafraîchiffement & de
repos, jufqu'à nouvel ordre. Le Marquis de Botta, & le Comte de Brown,
Généraux d'Artillerie, le Velt-Maréchal Lieutenant Baron de Roth, &

X 2　　les

les Majors-Généraux Andréaſy & Marini, reſteront à St. Pierre, d'Aréna, où étoit le Quartier-général, avec les régimens d'infanterie de Roth, de Strahremberg, d'Andréaſy & de Konigſeck; ainſi que quatre compagnies de Grenadiers de Daun & de Traun, qui logérent dans ce Fauxbourg & aux environs. Le Major-Général de Méligny reçût ordre de marcher *à Ponte Decimo*, avec tous les Fuziliers des régimens de Daun & de Traun. Le Prince Piccolomini Velt-Maréchal Lieutenant, & les Majors-Généraux Andlau, Harſch, & Marulli, paſſérent dans la riviére du Levant, avec les régimens d'Andlau, du Grand-Maître Teutonique, de Keuhl, de Picolomini, de Vettes, de Bernklau & de Schulembourg; & le Velt-Maréchal Lieutenant Marquis Novati, aïant ſous lui les Majors-Généraux Crock, Liezen, & Gorani, ainſi que les régimens de Pallavicini, de Wallis, de Mercy, de Giulay, de Palfi, de Forgatſch, de Colloredo, d'Eſterhaſy, & de Hagenbach, ſe rendirent dans la riviére de Ponant. Les régimens de Ballayra, & de de Kohary , & les 800. Huſſarts, furent diſtribués en divers lieux avec l'in-fanterie. On rendit aux Impériaux tous leurs déſerteurs , & on leur livra les Magazins des Ennemis , ainſi qu'un grand nombre de leurs Officiers qui étoient encore dans la Ville , plus de 1000. malades , & quelques piéces de canon. Les Généraux publiérent un pardon général , pour tous les déſer-teurs qui viendroient rejoindre leurs régimens dans un certain terme. On trouva à Gavi des Magazins très-con-ſidérables de munitions de guerre & de bouche , avec cinquante piéces de canon , & pluſieurs mortiers , dont on s'empara.

Le Comte de Choteck exigea du Sénat une contribution de trois mil-lions de *Génouines*.

Il le fit dans des termes qui ont dû paroître ſenſibles à la République : en voici le précis.

» J E A N - C H A R L E S, Comte de » Choteck , Chambellan de la Clef- » d'Or , Lieutenant - Général , Colo- » nel & Commiſſaire-Adminiſtrateur » de la Caiſſe-générale de guerre en

         » Italie ,

» Italie, de la part de Sa Majefté l'Im-
» pératrice Reine de Hongrie & de
» Bohême, Archiducheffe d'Autriche.

» La Séréniffime République de Gé-
» nes immifcée dans une guerre no-
» toirement injufte, contre Sa Majef-
» té l'Impératrice Reine de Hongrie
» & de Bohême, & l'aïant déclarée ou-
» vertement au Roi de Sardaigne fon
» Allié, par où elle a donné aux Enne-
» mis des deux Puiffances, dès le com-
» mencement de la prefente guerre,
» le moïen & la facilité d'envahir les
» Etats qui font dans la poffeffion de
» ces Puiffances, il n'y auroit, de la
» part de Sa Majefté Impériale & Ro-
» ïale que de la Juftice, fi elle obligeoit
» cette République à prendre fur foi
» les frais de la guerre, au moins de-
» puis ce tems qu'elle eft devenuë bel-
» ligérante. Mais aïant reconnu la
» main du Tout-Puiffant, qui l'a fait
» fuccomber fous la fupériorité des ar-
» mes juftes & triomphantes, par lef-
» quelles elle a été foumife, elle s'eft of-
» ferte volontairement à fubir les char-
» ges qui devoient lui être impofées.
» Ces frais, fans même les étendre à la
» tota-

» totalité de l'indemnifation duë à Sa
» Majefté Impériale & Roïale, ne pour-
» roient que furpaffer toute atente. Ce-
» pendant le fouffigné, en vertu des
» Pleins-Pouvoirs que lui a donné fa
» Très-Clémente Souveraine, déclare
» en fon nom, & fait infinuer péremp-
» toirement, tant à la République de
» Génes, qu'au Séréniffime Doge, &
» à chacun de ceux qui ont part au
» Gouvernement, qu'ils doivent pa-
» ïer & faire tenir à la Caiffe Militai-
» re de S. M. Impériale & Roïale, la
» fomme de trois millions de *Génouines*,
» bien entendu que ce foit en écus
» d'argent, de juftes poids, calculés à
» 7 *liv.* 12 *fol.* de banque, païables en
» trois païements; fçavoir, un million
» dans le terme de 48 h. à compter du
» montant de la prefente fommation ;
» un autre million dans l'efpace de 8.
» jours, & le troifiéme dans l'efpace
» de quinzaine, à compter de la datte
» ci-deffous marquée ; le tout à peine
» de fubir de plus fortes exactions, &
» de n'être pas en état de fe racheter
» du fer & du pillage, qui s'enfui-
» yroient immanquablement, faute de
» fatis-

» satisfaire aux païements ci-deſſus.
» Donné le 8. Septembre 1746. *Signé*,
» J. C. DE CHOTECK.

Voici une Lettre de Génes, du 27. Septembre 1746. qui fait une peinture auſſi triſte que naturelle de l'état où ſe trouvoit cette Ville & la République.

» L'impoſſibilité dans laquelle le
» Gouvernement s'eſt trouvé d'abord
» de païer les trois millions de *Génoui-*
» *nes*, exigées par le Commiſſaire des
» Guerres de l'Armée Impériale, avoit
» fait prendre au Sénat la réſolution
» d'envoïer à Vienne 4. Nobles ; ſça-
» voir, MM. Céſar Cattaneo, Auguſtin
» Lomellino, Mathieu Franzoni, &
» Auguſtin Gavotto, afin d'obtenir
» quelque ſoulagement de la généroſi-
» té & de la modération de l'Impéra-
» trice Reine ; à cet éfet on a deman-
» dé les Paſſe-ports néceſſaires aux
» Généraux de cette armée ; ſans avoir
» pû juſqu'à preſent les obtenir ; ain-
» ſi il a fallu faire un éfort commun,
» dont perſonne n'a été exemt ; & l'on
» eſt parvenu enfin à païer le tiers de
» l'impoſition, conſiſtant en un mil-
» lion de *Génonines*. Quant aux deux
» au-

» autres, nous ne favons où les trou-
» ver. La Caiffe Publique, qui ne fau-
» roit même fubvenir aux dépenfes des
» tems les plus tranquiles, eft furchar-
» gée de dettes depuis 16. ans. On eft
» obligé de puifer dans la bourfe des
» Particuliers, reffource à laquelle
» nous avons été obligés de recourir,
» à l'occafion de la malheureufe Rebel-
» lion de Corfe. Notre commerce a
» été non-feulement interrompu dans
» ces derniers tems ; mais prefque en-
» tiérement détruit. L'Article du Trai-
» té de Worms, concernant Final, Ar-
» ticle fatal, qui eft la caufe des mal-
» heurs que nous effuïons aujourd'hui,
» nous a engagées dans des dépenfes
» & dans des pertes irréparables. Le
» tout confidéré, comment trouver
» les deux millions qu'on nous deman-
» de encore ? La moitié même de cet-
» te fomme nous embarraffe extrême-
» ment. Il faut ajoûter à ces difgraces,
» la rareté & la cherté extraordinaire
» des vivres, & toutes les miféres ac-
» cablantes qu'occafionnent le defor-
» dre & les pillages foufferts à la retrai-
» te de l'armée des trois Couronnes,
» ainfi

» ainſi que la licence des ſoldats & des
» troupes irréguliéres, que la plus
» exacte diſcipline ne ſçauroit conte-
» nir. Les détachemens de l'armée Im-
» périale viennent de ſe rendre dans
» tout le territoire de la riviére du Le-
» vant, déſorte que notre petit Etat,
» tant à l'Orient qu'à l'Occident, &
» au Nord, ſe trouve rempli de trou-
» pes étrangéres, qui y vivent à la char-
» ge des Communautés.

» Nous eſpérons pourtant que cet
» excès de malheur ne durera pas long-
» tems, & nous comptons beaucoup
» ſur la magnanimité, la clémence &
» la modération de l'Impératrice Rei-
» ne, auprès de laquelle on nous aſſu-
» re que les Puiſſances Maritimes ont
» promis de s'intéreſſer.

Je joins ici le Mémoire ſuivant, que
le Secrétaire Villavecchia preſenta aux
Etats-Généraux, & qui ne différoit guéres de celui que le Marquis de Guaſ-
taldi avoit preſenté en même-tems à Sa
Majeſté Britannique.

Hauts et Puissants Seigneurs,

» Les malheurs qui affligent la Sé-
» réniſſime République de Génes, ne
» ſont

» font pas une fuite d'ambition ni de
» projet contraire aux maximes de re-
» pos & d'équité, qui ont fait toujours
» la bafe de fes actions. La juftice de
» fa caufe eft connuë à toute l'Europe,
» & l'on ne fçauroit affés la plaindre
» dans la dure néceffité où elle fe
» trouve malheureufement réduite.

» Si tous les Princes en général doi-
» vent être touchés du fort de cette il-
» luftre & infortunée République, juf-
» qu'à quel point ne le fera pas une
» Puiffance qui fe conduit par les mê-
» mes raifons & principes néceffaires ?
» une autre République.

» Vous concevrez, Hauts & Puif-
» fants Seigneurs, combien importe
» pour vos Etats la confervation de cet
» ancien azile de la liberté & du com-
» merce de la Méditerranée. L'inté-
» rêt immédiat d'une grande & confi-
» dérable partie de vos fujets parle en
» fa faveur. Les maux qui l'accablent
» n'étant point foulagés, ne pour-
» roient fournir que de funeftes exem-
» ples dans les fatalités de la guerre.
» Quelle nouvelle difficulté, l'oppref-
» fion & la ruine de cette République,
» ne

» produiſoient - elles pas au ſalutaire
» ouvrage de la Pacification générale,
» l'équilibre universel exigeant trop
» qu'elle ſoit réſtituée dans ſes Droits
» & dans ſon luſtre ?

» Vos Hautes-Puiſſances ſont trop
» ſages & trop juſtes, pour ne pas voir
» toutes les triſtes conſéquences qui
» réſulteroient d'un ſi facheux incon-
» vénient, & pour y refuſer du reméde.

» C'eſt dans cette confiance, Hauts
» & Puiſſants Seigneurs, que ma Sou-
» veraine ſe promet que vous voudrez
» bien emploïer vos ſoins équitables
» & vos bons offices à adoucir, au-
» tant qu'il eſt poſſible, la rigueur de
» ſon infortune, en retour de la vé-
» nération qu'elle a toujours euë pour
» votre Auguſte République, & des
» Vœux qu'elle forme pour votre bon-
» heur. Fait à la Haïe le 27. Septembre
» 1746. *Signé*, VILLAVECCHIA.

Pendant que cela ſe paſſoit de la
part des Autrichiens, le Roi de Sardaigne avançoit, quoiqu'avec de grandes
difficultés, par la Vallée de Bormida,
& le 9. Septembre Sa Majeſté entra,
à la tête de ſa Garde, dans Savone,

dont

dont le Général Fakenberg s'étoit emparé la veille, pendant que M. de la
Trinité en fit autant à Final. Lorfque
Sa Majefté s'aprocha de Savone, elle
trouva à quatre milles de Nôtre-Da-
me, une Députation de fix Nobles
Génois, qui implorérent fa clémence
à genoux. Sa Majefté les reçut avec
fa bonté ordinaire, & leur témoigna
qu'elle étoit fachée des excès, prefqu'inévitables, qui fe commettent or-
dinairement par une armée victorieu-
fe en entrant dans un Païs conquis, &
elle ajouta, qu'elle donneroit les ordres néceffaires à fes Généraux pour
ne pas ufer de rigueur à leur égard. Sa
Majefté étant enfuite arrivée à Nôtre-
Dame, elle y fit fes dévotions, & continua fa marche à Savone. L'Evêque,
& les Principaux de la Ville, vinrent
au-devant du Roi pour fe jetter à fes
piés. La réception que Sa Majefté leur
fit étoit gratieufe, & elle s'entretint
quelque-tems après avec eux. Les Députés de la Bourgeoifie s'étant auffi
prefentés pour offrir à Sa Majefté les
Clefs de la Ville, elle leur demanda,
S'ils aportoient auffi celles du Château? &

fur la réponfe *qu'ils étoient feulement en-voïés de la part du Magiſtrat*, S. M. les renvoïa, en difant qu'*Elle regardoit la Ville & le Château comme inféparables*, après-quoi elle alla prendre fon quartier dans une des maifons du Faux-bourg & y dîna. On envoïa toutes fortes de rafaîchiffemens aux troupes Piémontoifes, qui campoient à deux milles de Savone. On vit le Gouverneur & la Garnifon de la Citadelle fe promener tranquillement fur les remparts, fans faire la moindre mine de tirer fur les Piémontois, quoiqu'ils s'aprochaffent de la paliffade, & qu'il y ait dans la Citadelle 114. canons & 18. mortiers. Le même jour un corps d'Impériaux s'aprocha de Savone, fous les ordres du Général C. Goravi; mais celui-ci aïant apris que le Roi de Sardaigne y étoit déja, il fit camper fes troupes à deux milles de la Place. Le 10. S. M. alla prendre fon quartier dans les Caffines de Génes. On lui prefenta la Capitulation que le Marquis de Botta lui envoïoit avant que d'être fignée, pour favoir fes intentions là-deffus. On fomma encore une fois le Gouverneur du Châ-

Château, lequel aïant répondu qu'il ne pouvoit le remettre qu'à des troupes Impériales, on fit des difpofitions pour le faire changer d'avis, & l'ordre fut envoïé à Carcare de faire avancer la groffe artillerie. S. M. alla camper à Sportono, fur la route de Final. Le Chef d'Efcadre Lowsheud fe rendit auprès de Sa Majefté, pour fe concerter avec elle fur la fuite des opérations. Sa Majefté lui fit l'honneur de paffer fur fon bord, où elle fut fplendidement régalée. Elle alla auffi à bord des autres Vaiffeaux, & fur la Capitane de fes Galéres de Sardaigne. Contente de la réception qu'on lui avoit faite, elle fit prefent au Chef d'Efcadre, & aux principaux Officiers des Vaiffeaux Anglois, de plufieurs bijoux garnis de diamans, & fit diftribuer 400. fequins aux équipages. Les habitans de Noli n'étant point venus rendre hommage au Roi, deux compagnies de Grenadiers y furent envoïes, & peu après on vit arriver l'Evêque, le Clergé, & la Bourgeoifie. Le 15. S. M. arriva à Final, fort fatiguée, aïant été obligée de faire la moitié du chemin à pié.

Y 2   Les

Les Châteaux qui avoient refufé de fe rendre au Prince de Carignan, fe rendirent à l'arrivée du Roi, & la garnifon de 700. hommes, dont 400. déferteurs, fut faite prifonniére de guerre. Le 16. le Roi féjourna à Final, & le Prince de Carignan marcha en avant avec fes brigades. Le 17. le Roi féjourna encore, & il arriva des Députés d'Albenga. Le 18. S. M. fe porta à Lovano; & le 19. à Albenga, à la tête de 31. bataillons, y compris les 11. du Général Gorani. Le 20. le Roi reçût, de retour de Vienne, un des couriers qu'il y avoit envoïé, & l'on aprît entr'autres, que le Marquis de Botta étoit rapellé, & que le Général Brown lui fuccédoit dans le Commandement de l'armée Impériale. Les troupes Piémontoifes harcelérent, fans difcontinuation, celles des trois Couronnes dans leur retraite, jufques dans le Comté de Nice, & même jufqu'au Varo. Celles-ci fouffrirent extraordinairement, n'aïant ni bagages, ni artillerie, ni provifions.

Toutes les opérations de l'armée des trois Couronnes n'étoient que des retraites.

traites. Si ce sont des chefs-d'œuvres, comme on l'annonçoit dans le tems, jamais ils n'avoient été si communs.

Vers le mois d'Octobre, les François & les Espagnols abandonnérent Vintimille, ou *Mintimiglia*, Ville Maritime d'Italie Septentrionale, dans la République de Génes, entre Monaco & San-Remo, avec un petit Port & un Château, & laissèrent dans ce dernier 300. hommes, sous les ordres de M. Dieffenthaller, Commandant du troisiéme bataillon du régiment Suisse du Vigier. Ce brave Officier y fut bien-tôt assiégé, & il fit une très-belle défense ; cent dix-huit hommes de sa petite garnison furent tués pendant le siége. Lorsqu'il fit arborer le drapeau le 25. Octobre à 8. heures du soir, il y avoit 8. jours que l'intérieur de la Forteresse étoit tellement ruinée par les bombes, qu'on n'auroit pas pû en aucun endroit mettre un homme à couvert ; cependant il soutint toutes les attaques, & ne se rendit qu'à la derniére extrêmité. Comme les boulets lui manquoient, il en fit déterrer plus de 600. de ceux que les Ennemis avoient jettés sur la Place, &

il

il les fit tirer contr'eux. Quelques jours avant qu'il se rendit, les assiégeans étans montés à l'assaut, furent repoussés avec une perte de plus de 500. hommes. Il fut fait prisonnier avec sa garnison ; mais on le relâcha sur sa parole, parce qu'il étoit malade.

Vers le milieu du même mois d'Octobre, l'Infant Dom Philippes aïant abandonné le Comté de Nice, laissa une garnison suffisante dans la Citadelle de Ville-Franche, qui fut obligée de se rendre prisonnière de guerre.

FIN DE LA I. PARTIE DU TOME III.

www.ingramcontent.com/pod-product-compliance
Lightning Source LLC
Chambersburg PA
CBHW062325070726
47596CB00008B/292